すみっコぐらし小学2年の 国語 算数 総復習ドリル

国語《こくご》 もくじ

この ドリルの つかい方《かた》

- 国語《こくご》と 算数《さんすう》の それぞれ ①から じゅん番《ばん》に やりましょう。
- おわったら おうちの 方《かた》に 答《こた》え合《あ》わせを して もらい、点数《てんすう》を つけて もらいましょう。
- 答《こた》えは、34～47ページに あります。
- まちがえた もんだいは、どこを まちがえたのかを かくにんして、もう一ど やりましょう。

しろくま

北《きた》からにげてきた、さむがりで ひとみしりのくま。あったかい お茶《ちゃ》をすみっこで のんでいる ときがおちつく。

ぺんぎん？

じぶんはぺんぎん？ じしんがない。 昔《むかし》はあたまにお皿《さら》が あったような…。

とんかつ

とんかつのはじっこ。 おにく1%《パーセント》、 しぼう99%《パーセント》。 あぶらっぽいから のこされちゃった…。

ねこ

はずかしがりやのねこ。 気《き》が弱《よわ》く、よくすみっこを ゆずってしまう。

じつは、きょうりゅうの 生《い》き残《のこ》り。 つかまっちゃうので とかげのふりをしている。

国《こく》語《ご》 1

かん字①

1 ——の かん字の 読《よ》みがなを （ ）に 書《か》きましょう。

ひとつ4点《てん》（48点《てん》）

① 日光が まぶしい。

② 兄の ランドセル。

③ ドアの 内がわ。

④ 合わせて 七人。

⑤ 遠回りを する。

⑥ 場外ホームラン。

⑦ 多くの 人が あつまる。

⑧ 長い 刀。

⑨ 午後から 出かける。

⑩ 半分に 切る。

⑪ 母の 友人。

⑫ 今、何時ですか。

月　日

点《てん》

ついに すみっコぐらしの 国語辞典 発売決定！

2024年12月すみっコたちが本屋さんにやってくる(よてい)

あこがれる【。憧れる】自分《じぶん》がいいなと思《おも》うことに、心《こころ》が強《つよ》く引《ひ》かれる。例世界一周《せかいいっしゅう》の旅《たび》に憧《あこが》れる。富士山《ふじさん》に憧《あこが》れているやま。

あさ【。麻】①植物《しょくぶつ》の一種《いっしゅ》。くきの皮《かわ》の繊維《せんい》から糸《いと》をつくる。②①の糸《いと》で織《お》った布《ぬの》。

あさ【朝】夜《よ》が明《あ》けてから、しばらくの間《あいだ》。また、正午《しょうご》までの間《あいだ》。例今日《きょう》は朝《あさ》から暑《あつ》い。↕夕《ゆう》。晩《ばん》。

あざ 皮膚《ひふ》の色《いろ》が赤《あか》や青《あお》などに変《か》わっている部分《ぶぶん》。ぶつけたり打《う》ったりしたときなどにできる。

あさい【浅い】①上《うえ》から下《した》までの間《あいだ》が短《みじか》い。また、おくまでの距離《きょり》が短《みじか》い。例浅《あさ》い川《かわ》をわたる。↕深《ふか》い。②程度《ていど》や量《りょう》が、少《すく》ない。例ねむりが浅《あさ》い。↕深《ふか》い。③日数《にっすう》や時間《じかん》が、あまりたっていない。例習《なら》い事《ごと》を始《はじ》めて、まだ日《ひ》が浅《あさ》い。④色《いろ》が、うすい。例浅《あさ》い緑色《みどりいろ》。↕深《ふか》い。

※ 誌面は仮の内容です。
予告なく変更になる場合があります

漢字辞典といっしょにつかおう！

例文にこっそり隠れているすみっコたちをさがすたのしみも♥

全624p
約16,000語収録の
たっぷり仕様

＼漢字辞典とおそろいにしちゃおう♪／

『すみっコぐらし はじめての国語辞典(仮)』

主婦と生活社 刊／予価2640円(税込)／2024年12月発売予定

のべ
300万人の
子どもたちが
学んでいる

すみっコぐらし™ 学習ドリル

ラインナップも
大充実の
人気シリーズ♪

国語

ひらがな カタカナ
(入学準備～小学1年)
漢字(小学1・2・3・4・5・6年)
文しょう読解(小学1・2年)

算数

たしざん ひきざん(小学1年)
ひっさん かけざん(小学2年)
かけ算 わり算(小学3年)
小数 分数(小学4年)
たんいとずけい(小学1・2・3・4年)
文しょうだい(小学1・2年)
小学1・2年の時計・時こく・時間

総復習

小学1年の こくご さんすう 総復習ドリル
小学2年の 国語 算数 総復習ドリル
小学3年の 国語 算数 総復習ドリル
小学6年間の漢字スピード総復習ドリル

英語

はじめてのABCローマ字
小学校で習うはじめての
英単語しぜん編
小学校で習うはじめての
英単語くらし編
小学校で習うはじめての
英語の文

プログラミング

小学1・2年はじめての
プログラミング
小学3・4年の
プログラミング

社会

47都道府県

2 □に 当《あ》てはまる かん字を 書《か》きましょう。

ひとつ4点《てん》(52点《てん》)

① □《いち》□《まん》□《えん》さつ。

② ボールは □《まる》い。

③ □《こう》□《つう》ルールを まもる。

④ □《とう》□《きょう》とに すんでいる。

⑤ □《からだ》を あらう。

⑥ 先生に □《あ》う。

⑦ □《げん》□《き》な 子ども。

⑧ □《おな》じ クラスに なる。

⑨ □《ち》□《ず》を 見る。

⑩ □《こう》□《えん》で あそぶ。

⑪ □《よる》に なる。

⑫ □《の》□《はら》で ねころぶ。

⑬ □《にっ》□《ちょく》の しごと。

国語《こくご》 2

ことば①

1 いくつ あるかを 数《かぞ》えて、数《かぞ》え方《かた》を かん字と ひらがなで 書《か》きましょう。

ひとつ5点《てん》(25点《てん》)

①  一ぽん

② 

③ 

④ 

⑤ 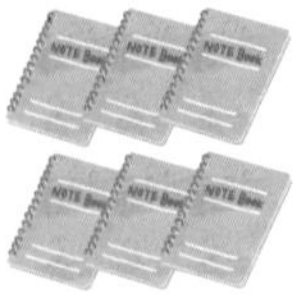

2 上の ことばに 合《あ》う 数《かぞ》え方《かた》を 下から えらんで、線《せん》で むすびましょう。

ひとつ5点《てん》(25点《てん》)

① 車 ・

② スズメ ・

③ 馬《うま》 ・

④ ねこ ・

⑤ 人 ・

・ 一頭《とう》、二頭《とう》、三頭《とう》…

・ 一ぴき、二ひき、三びき…

・ 一羽《わ》、二羽《わ》、三羽《ば》…

・ 一人《ひとり》、二人《ふたり》、三人《さんにん》…

・ 一台《だい》、二台《だい》、三台《だい》…

月　日

点《てん》

3

――の 音を あらわす ことばで、強《つよ》く かんじる ほうは どちらですか。（　）に ○を 書《か》きましょう。

ひとつ5点《てん》(20点《てん》)

①
（　）風《かぜ》が ぴゅーぴゅー ふく。
（　）風《かぜ》が びゅーびゅー ふく。

②
（　）石が ごろごろ ころがる。
（　）石が ころころ ころがる。

③
（　）紙《かみ》を びりびり やぶる。
（　）紙《かみ》を ぴりぴり やぶる。

④
（　）ドアを とんとん たたく。
（　）ドアを どんどん たたく。

4

なかまの ことばを じゅん番《ばん》に ならべて います。（　）に 当《あ》てはまる ことばを かん字で 書《か》きましょう。

ひとつ5点《てん》(30点《てん》)

① 一月 ―（　）― 三月

② 木曜日《もくようび》 ―（　）― 土曜日《どようび》

③ 朝《あさ》 ―（　）― 夜《よる》

④ きのう ―（　）― 明日《あす》

⑤ （　）― 中学生 ― 高校生《こうこうせい》

⑥ 先週《せんしゅう》 ― 今週《こんしゅう》 ―（　）

国語《こくご》

3 かん字②

1 ——の かん字の 読《よ》みがなを （ ）に 書《か》きましょう。

ひとつ4点《てん》(48点《てん》)

① 元通りに しまう。（ ）

② 台風に そなえる。（ ）

③ 家に 帰る。（ ）（ ）

④ 古い お寺。（ ）（ ）

⑤ くじが 当たる。（ ）

⑥ 岩山を のぼる。（ ）

⑦ 店番を する。（ ）

⑧ バイオリンの 弓。（ ）

⑨ 兄弟げんかを する。（ ）

⑩ 線を 引く。（ ）（ ）

⑪ ピアノの 才のうが ある。（ ）

⑫ 大きな 池。（ ）

月　日

点《てん》

2 ——の ことばを かん字と ひらがなで （ ）に 書《か》きましょう。

ひとつ4点《てん》(52点《てん》)

① ごはんを つくる。

② 本が うれる。

③ 道が わかれる。

④ にわが ひろい。

⑤ ピアノを おしえる。

⑥ ミカンを かぞえる。

⑦ あかるい へや。

⑧ スポーツを たのしむ。

⑨ しつもんに こたえる。

⑩ 音が きこえる。

⑪ したしい 人。

⑫ ドーナツを たべる。

⑬ 字が こまかい。

国語《こくご》 4

かん字③

1 ―の かん字の 読《よ》みがなを （ ）に 書《か》きましょう。

ひとつ4点《てん》(48点《てん》)

① 汽車の おもちゃ。（ ）

② 海が 見える。（ ）

③ きそく正しい 生活。（ ）（ ）

④ 一週間の よてい。（ ）（ ）

⑤ 円の 中心。（ ）

⑥ 小さいころの 思い出《で》。（ ）

⑦ 雨戸を しめる。（ ）

⑧ 方角を しらべる。（ ）

⑨ 昼休みに あそぶ。（ ）

⑩ よく 晴れた 空。（ ）

⑪ 毎朝、ニュースを 見る。（ ）

⑫ 来年の カレンダー。（ ）

月　日

点《てん》

2 □に 当《あ》てはまる かん字を 書《か》きましょう。

ひとつ4点《てん》（24点《てん》）

① 学校に □《い》く。

② 中学生の □《あね》。

③ □《な》□《まえ》を よぶ。

④ □《いもうと》と あそぶ。

⑤ □《きょう》□《しつ》を そうじする。

⑥ □《いち》□《ば》で はたらく。

3 □の かん字を 1回《かい》ずつ つかって、7つの 教《きょう》科《か》の なまえを 書《か》きましょう。

ひとつ4点《てん》（28点《てん》）

生 音 算 理

図 数 語 会

工 楽 科 国

活 社

ことば②

1 上の　ことばと　はんたいの　いみの　ことばを　線《せん》で　むすびましょう。

ひとつ6点《てん》(30点《てん》)

① 前《まえ》　・　　・ひくい
② 売《う》る　・　　・おわり
③ 高《たか》い　・　　・外《そと》
④ 中　・　　・買《か》う
⑤ はじまり　・　　・後《うし》ろ

2 ——の　ことばと　にた　いみの　ことばを　えらび、(　)に　○を　書《か》きましょう。

ひとつ5点《てん》(20点《てん》)

① ドアを　あける。
(　)おく
(　)ひらく

② 家《いえ》へ　帰《かえ》る。
(　)もどる
(　)いる

③ 先生と　話《はな》す。
(　)言う
(　)しゃべる

④ きれいな　けしき。
(　)明るい
(　)うつくしい

月　日

点《てん》

3 つぎの ことばと かんけいの ある ことばを □から えらんで 書《か》きましょう。

ひとつ6点《てん》(30点《てん》)

① 自《じ》てん車《しゃ》

② くつ

③ めがね

④ おふろ

⑤ ノート

入る・かける・書《か》く・はく・こぐ

4 どこが のばす音に なるか 気を つけて、ひらがなを カタカナに 直《なお》して 書《か》きましょう。

ひとつ4点《てん》(20点《てん》)

① そうせえじ　ソーセージ

② かれえらいす

③ はんばあがあ

④ ほっとけえき

⑤ しゃあべっと

6 かん字④

1 ——の かん字の 読《よ》みがなを（　）に 書《か》きましょう。

ひとつ3点《てん》(36点《てん》)

① 大きな 声で 歌う。

② 車を 止める。

③ 毛糸の マフラー。

④ 形が かわる。

⑤ テストの 点数。

⑥ 答えを 考える。

⑦ 画用紙を つかう。

⑧ 正直に 話す。

⑨ 矢じるしを つける。

⑩ 船長さんの ぼうし。

⑪ 知らない 人。

⑫ おいしい お米。

月　日

点《てん》

2 □に 当《あ》てはまる かん字を 書《か》きましょう。

ひとつ5点《てん》(25点《てん》)

① □《さん》□《かく》□《けい》。

② □《ちゃ》□《いろ》の クレヨン。

③ おうだん □《ほ》□《どう》。

④ □《ほし》が かがやく。

⑤ ひらがなで □《か》く。

3 きせつの かん字を 4つ 書《か》きましょう。

13点《てん》

□《はる》

□《なつ》

□《あき》

□《ふゆ》

4 生きものの かん字を 4つ 書《か》きましょう。

13点《てん》

□《うま》

□《うし》

□《とり》

□《さかな》

5 方角《ほうがく》の かん字を 4つ 書《か》きましょう。

13点《てん》

□《ひがし》

□《にし》

□《みなみ》

□《きた》

国語《こくご》

7 文づくり① しゅ語《ご》と じゅつ語《ご》

月　日

点《てん》

1 つぎの 文しょうの しゅ語《ご》（だれが・何《なに》が）を あらわす ことばに 線《せん》を 引《ひ》きましょう。

ひとつ8点《てん》（32点《てん》）

〈やり方《かた》〉

赤い 花が さきました。

① バスが はっ車します。

② 教室《きょうしつ》は しずかです。

③ とかげが みずうみで およいでいます。

④ しろくまは 出かけています。

2 つぎの 文しょうの ——の じゅつ語《ご》は 何《なに》を あらわして いますか。［　］から 当《あ》てはまる 記《き》ごうを えらんで、（　）に 書《か》きましょう。

ひとつ8点《てん》（24点《てん》）

① ここは 二年生の 教室《きょうしつ》だ。（　　）

② ねこが 本を 読《よ》む。（　　）

③ しろくまは さむがりだ。（　　）

ア なんだ
イ どんなだ
ウ どうする

3 絵《え》を 見て、当《あ》てはまる しゅ語《ご》と じゅつ語《ご》を □に 書《か》きましょう。

ひとつ4点《てん》(12点《てん》)

①

しゅ語《ご》(何《なに》は) □ は、しろくまの せ中を あらう。

②

しろくまは、タオルを じゅつ語《ご》(どうする) □ 。

③

ねこの タオルの 色《いろ》は、じゅつ語《ご》(なんだ) □ 。

4 つぎの 文しょうの ——の じゅつ語《ご》に 合《あ》う しゅ語《ご》は どれですか。合《あ》う ことばに 線《せん》を 引《ひ》きましょう。

ひとつ8点《てん》(32点《てん》)

〈やり方《かた》〉

星《ほし》が きれいに 見える。

① 今日《きょう》の 天気は とても よい。

② 一《いち》時《じ》間《かん》目《め》は 大すきな 国語《こくご》だ。

③ とかげが ねこに 話《はな》しかける。

④ ぺんぎん?が 読《よ》んでいる 本は むずかしい。

国語《こくご》

8 かん字⑤

1 ――の かん字の 読《よ》みがなを （　）に 書《か》きましょう。

ひとつ4点《てん》(48点《てん》)

① 友だちに 言う。（　）（　）

② 日記を 書く。（　）（　）

③ 谷川に かかる はし。（　）

④ しずかな 山里。（　）

⑤ 野生の どうぶつ。（　）

⑥ 麦茶を のむ。（　）

⑦ 正門から 入る。（　）（　）

⑧ 白い 雲。（　）（　）

⑨ 頭が いたい。（　）

⑩ 牛肉を やく。（　）

⑪ ベルが 鳴る。（　）

⑫ トンボの 羽。（　）

月　日

点《てん》

② □に 当《あ》てはまる かん字を 書《か》きましょう。

ひとつ4点《てん》(52点《てん》)

① 二年二□《くみ》。

② □《え》が 上手。

③ 本を □《よ》む。

④ □《でん》□《しゃ》に のる。

⑤ 大きな □《ふね》。

⑥ □《ゆき》が ふる。

⑦ □《みずか》ら □《かんが》える。

⑧ □《ちち》の ネクタイ。

⑨ 先生の □《はなし》。

⑩ □《けい》□《さん》が とくい。

⑪ ケーキを □《か》う。

⑫ 学校まで □《はし》る。

⑬ □《ど》□《よう》□《び》。

国語《こくご》

9

文づくり②

1 だれが 何《なに》を しているか、絵《え》を 見て □に 当《あ》てはまる ことばを 書《か》きましょう。

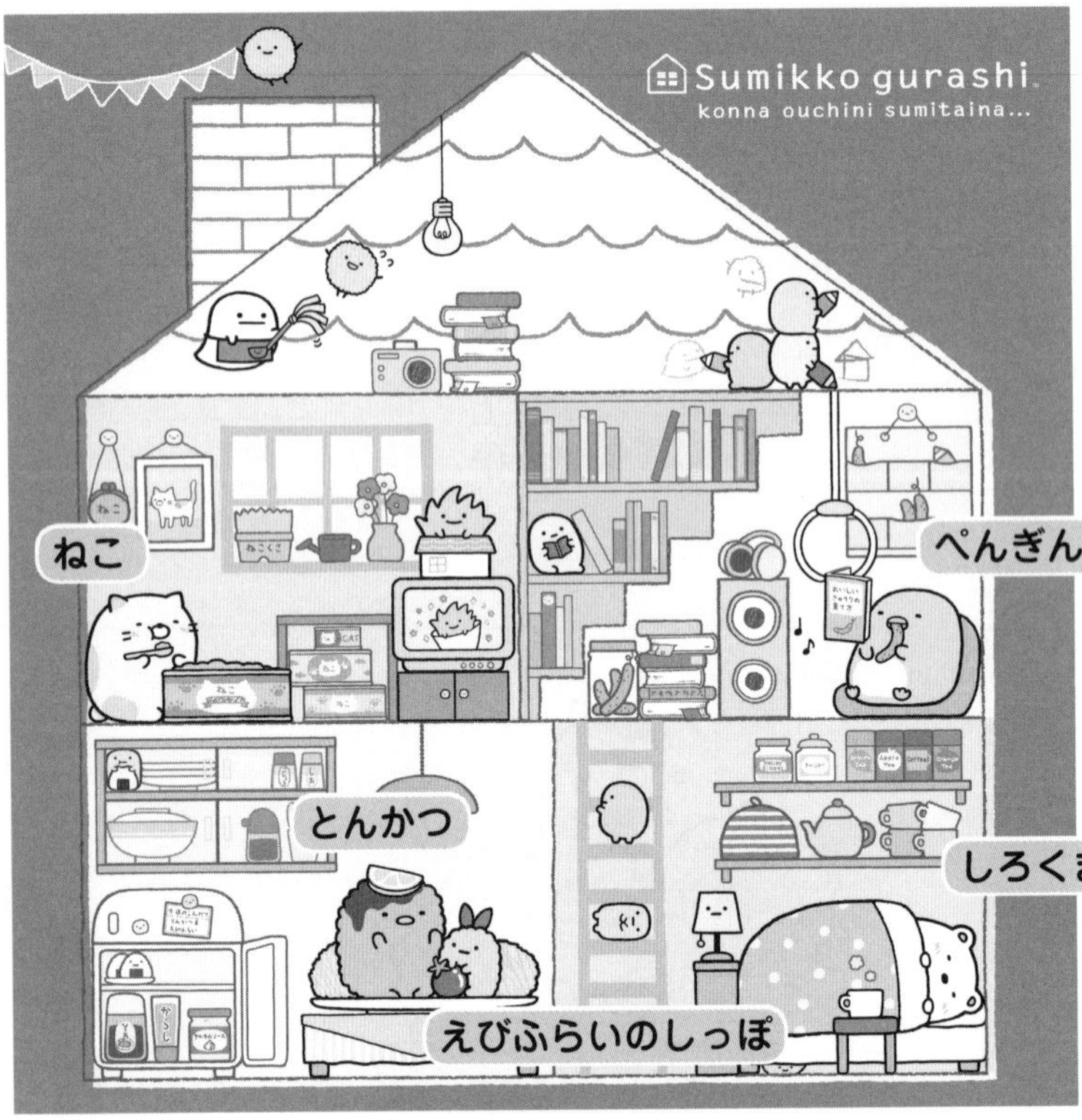

ひとつ10点《てん》(50点《てん》)

	だれが	何《なに》に／何《なに》を	どうする
①	（だれが）□	（何《なに》に）ベッドに	（どうする）ねている。
②	（だれが）ぺんぎん？が	（何《なに》を）□	（どうする）食《た》べている。
③	（だれが）とんかつが	（何《なに》に）□	（どうする）のっている。
④	（だれが）ねこが	（何《なに》を）ごはんを	（どうする）□
⑤	（だれが）えびふらいのしっぽが	（何《なに》を）トマトを	（どうする）□

月　日

点《てん》

② ①〜⑤の 文しょうを 正しく ならべて、□に じゅん番《ばん》に 番《ばん》ごうを 書《か》きましょう。

ひとつ6点《てん》(30点《てん》)

①ブランコに のりたい 人が たくさん いたので、じゅん番《ばん》で のりました。
②つぎに、ブランコに のりました。
③先週《せんしゅう》、友《とも》だちと 公園《こうえん》で あそびました。
④それから、なわとびも しました。
⑤まず、すべり台《だい》で あそびました。

□ → □ → □ → □ → □

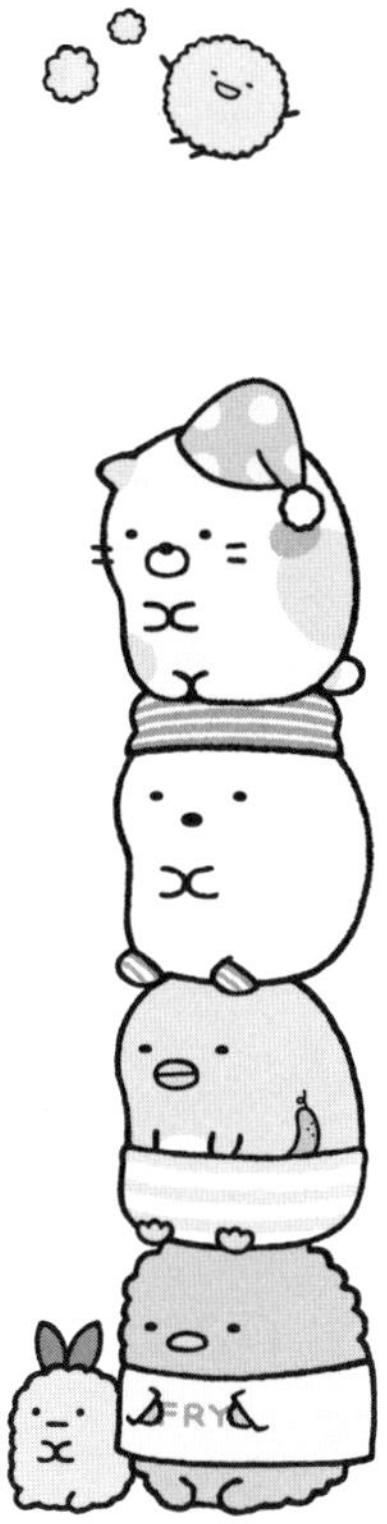

③ 文しょうを 読《よ》んで、□に 当《あ》てはまる ことばを ◯から えらんで 書《か》きましょう。

ひとつ10点《てん》(20点《てん》)

ある日、すみっコたちは アイスやさんに 行《い》きました。
ぺんぎん?は おいしい アイスに かんどうして、
アイスやさんで はたらく ことに しました。
□、しっぱいも しました。
□、だんだん なれて くると 上手に アイスが 作《つく》れるように なりました。

でも ● まず ● はじめは ● なぜなら ● だから

国語《こくご》
10

かん字⑥

月　日

点《てん》

1 ――の かん字の 読《よ》みがなを （　）に 書《か》きましょう。

ひとつ3点《てん》(30点《てん》)

① 明日の 天気。

② お母さんと 出かける。

③ 川原で あそぶ。

④ 今日の ニュース。

⑤ 今朝の できごと。

⑥ 今年の カレンダー。

⑦ お父さんの くつ下。

⑧ 時計を 見る。

⑨ お兄さんと あそぶ。

⑩ 友《とも》だちの お姉さん。

2 □に 当《あ》てはまる かん字を 書《か》きましょう。

ひとつ5点《てん》(30点《てん》)

① □《かお》を あらう。

② キリンの □《なが》い □《くび》。

③ □《たか》い たてもの。

④ □《き》□《いろ》の タンポポ。

⑤ □《くろ》い ランドセル。

⑥ きゅう□《しょく》の こん立《だて》。

3 はんたいの いみに なる かん字を 書《か》きましょう。

ひとつ8点《てん》(40点《てん》)

① □《つよ》い ↔ □《よわ》い

② □《おお》い ↔ □《すく》ない

③ □《あたら》しい ↔ □《ふる》い

④ □《ちか》い ↔ □《とお》い

⑤ □《ほそ》い ↔ □《ふと》い

国語《こくご》

11 ことば③

1 2つの ことばを 組《く》み合《あ》わせて、1つの ことばに しましょう。

ひとつ4点《てん》(20点《てん》)

〈やり方《かた》〉 とぶ ＋ 上がる → とび上がる

① かける ＋ 回《まわ》る

② 食《た》べる ＋ おわる

③ とぶ ＋ こえる

④ 切《き》る ＋ とる

⑤ 見る ＋ おくる

2 組《く》み合《あ》わせた ことばを もとの 2つの ことばに 直《なお》しましょう。

ひとつ4点《てん》(20点《てん》)

〈やり方《かた》〉 とび下りる → とぶ ＋ 下りる

① 思《おも》い出《だ》す → ＋

② ふみつぶす → ＋

③ かけ上がる → ＋

④ かみ切《き》る → ＋

⑤ おりたたむ → ＋

月　日

点《てん》

③ きせつを かんじる 生きものや 草花を □から えらんで 書《か》きましょう。

ひとつ6点《てん》(24点《てん》)

① 春《はる》を かんじる 生きものや 草花

生きもの

草花

② 夏《なつ》を かんじる 生きものや 草花

生きもの

草花

③ 秋《あき》を かんじる 生きものや 草花

生きもの

草花

④ 冬《ふゆ》を かんじる 生きものや 草花

生きもの

草花

すいせん・さくら・せみ・うぐいす・
ひまわり・すずむし・白鳥《はくちょう》・すすき

④ つぎの ことばは、春《はる》・夏《なつ》・秋《あき》・冬《ふゆ》の どの きせつの ことばですか。4つの きせつに 分《わ》けて 書《か》きましょう。

ひとつ3点《てん》(36点《てん》)

クリスマス・山開《やまびら》き・もみじ・お花見
お正月・海開《うみびら》き・せつ分・入学《にゅうがく》しき
お月見・七五三・七夕・ひなまつり

春《はる》

秋《あき》

夏《なつ》

冬《ふゆ》

国語《こくご》

12

読《よ》みとり もんだい①

きつねの おきゃくさま

★文しょうを 読《よ》んで、答《こた》えましょう。

むかし むかし、あったとさ。

はらぺこきつねが あるいて いると、やせた
ひよこが やって きた。がぶりと やろうと
思《おも》ったが、やせて いるので 考《かんが》えた。

太《ふと》らせてから たべようと。

そうとも。よく ある、よく ある ことさ。

「やあ、ひよこ。」

「やあ、きつねお兄《にい》ちゃん。」

「お兄《にい》ちゃん？ やめて くれよ。」

きつねは ぶるると みぶるいした。

でも、ひよこは 目を 丸く して 言《い》った。

「ねえ、お兄《にい》ちゃん。どこかに いい
すみか、ないかなあ。こまってるんだ。」

❶ きつねは、ひよこを 見て さいしょに どう 思《おも》いましたか。 30点《てん》

❷ きつねが 心《こころ》の 中で にやりと わらったのは なぜですか。当《あ》てはまる ものに ○を 書《か》きましょう。 20点《てん》

あ（　）もっと、やさしいと 言《い》われたいと 思《おも》ったから。

い（　）もっと、お兄《にい》ちゃんらしく しようと 思《おも》ったから。

う（　）つれて 帰《かえ》って 太《ふと》らせてから 食《た》べようと 思《おも》ったから。

月　日

点《てん》

きつねは、心《こころ》の　中で　にやりと　わらった。
「よし　よし、おれの　うちに　きなよ。」
すると、ひよこが　言《い》ったとさ。
「きつねお兄《にい》ちゃんって、やさしいねえ。」
「やさしい？　やめて　くれったら、そんな
せりふ。」
でも、きつねは、生まれて　はじめて
「やさしい」なんて　言《い》われたので、すこし
ぼうっと　なった。
ひよこを　つれて　かえる　とちゅう、
「おっとっと、おちつけ　おちつけ。」
切《き》りかぶに　つまずいて、ころびそうに
なったとさ。
きつねは、ひよこに、それは　やさしく
たべさせた。そして、ひよこが「やさしい
お兄《にい》ちゃん」と　言《い》うと、ぼうっと　なった。

令和2年度版　教育出版　ひろがることば　小学国語　二上70～81ページ
あまん　きみこ『きつねの　おきゃくさま』

3 きつねが　やめてくれと　言《い》ったのは、どんな　気もちからですか。当《あ》てはまる　ものに　○を　書《か》きましょう。 20点《てん》

あ（　）とても　いやな　気もち。
い（　）はずかしいけど、うれしい　気もち。
う（　）くやしくて、かなしい　気もち。

4 きつねが　すこし　ぼうっと　なったのは、ひよこに　何《なん》と　言《い》われたからですか。□に　当《あ》てはまる　ことばを　書《か》きましょう。 30点《てん》

生まれて　はじめて、□と　言《い》われたから。

国語《こくご》 13

読《よ》みとり もんだい②
たんぽぽ

★文しょうを 読《よ》んで、答《こた》えましょう。

たんぽぽは 長《なが》い ねを もつ じょうぶな
草です。春《はる》の はれた 日に 花が さいて、
日が かげると 花は とじて しまいます。
夜《よる》の 間《あいだ》は とじて いて、つぎの 日、
日が さすと、また ひらきます。
たんぽぽは、一つの 花の ように 見えますが
小さな 花の あつまりなのです。

花が しぼむと、みが そだって いきます。
みが じゅくすまで、花の くきは、ひくく
たおれて います。
みが じゅくして たねが できると、
くきは おき上がって、たかく のびます。

1 くきが おき上がって、高《たか》く のびるのは 何《なん》の ためですか。当《あ》てはまる ものに ○を 書《か》きましょう。 20点《てん》

あ（　）みを じゅくして たねが できる ように する ため。

い（　）花を さかせる ため。

う（　）くきの 上の わた毛《げ》を 風《かぜ》で よく とぶように する ため。

2 わた毛《げ》は どんな ようすを して いますか。□に 当《あ》てはまる ことばを 書《か》きましょう。 ひとつ10点《てん》(20点《てん》)

わた毛《げ》は かるくて □ して いる。

月　日

点《てん》

はれた 日に、わた毛《げ》が ひらきます。たかく のびた くきの 上の わた毛《げ》には、風《かぜ》が よく 当《あ》たります。わた毛《げ》は、風《かぜ》に ふきとばされます。

かるくて ふわふわした わた毛《げ》は、風《かぜ》に のって、とおくに 行《い》く ことが できます。

わた毛《げ》が 土に おちると、わた毛《げ》に ついて いる たねが、やがて めを 出します。

たんぽぽは、そこで ねを はって、そだって いきます。

このように して、たんぽぽは、いろいろな ところに 生え、なかまを ふやして いくのです。

内《ない》は みじかく まとめた もの

令和2年度版 東京書籍 新しい 国語 二上36～40ページ
ひらやま かずこ『たんぽぽ』

わた毛《げ》には □ が ついている。

3 花が しぼんだ あとの たんぽぽは、どのように かわって いきますか。絵《え》を 見て 正しい じゅん番《ばん》に なるように、□に 1～4の 数字《すうじ》を 書《か》きましょう。

ひとつ15点《てん》(60点《てん》)

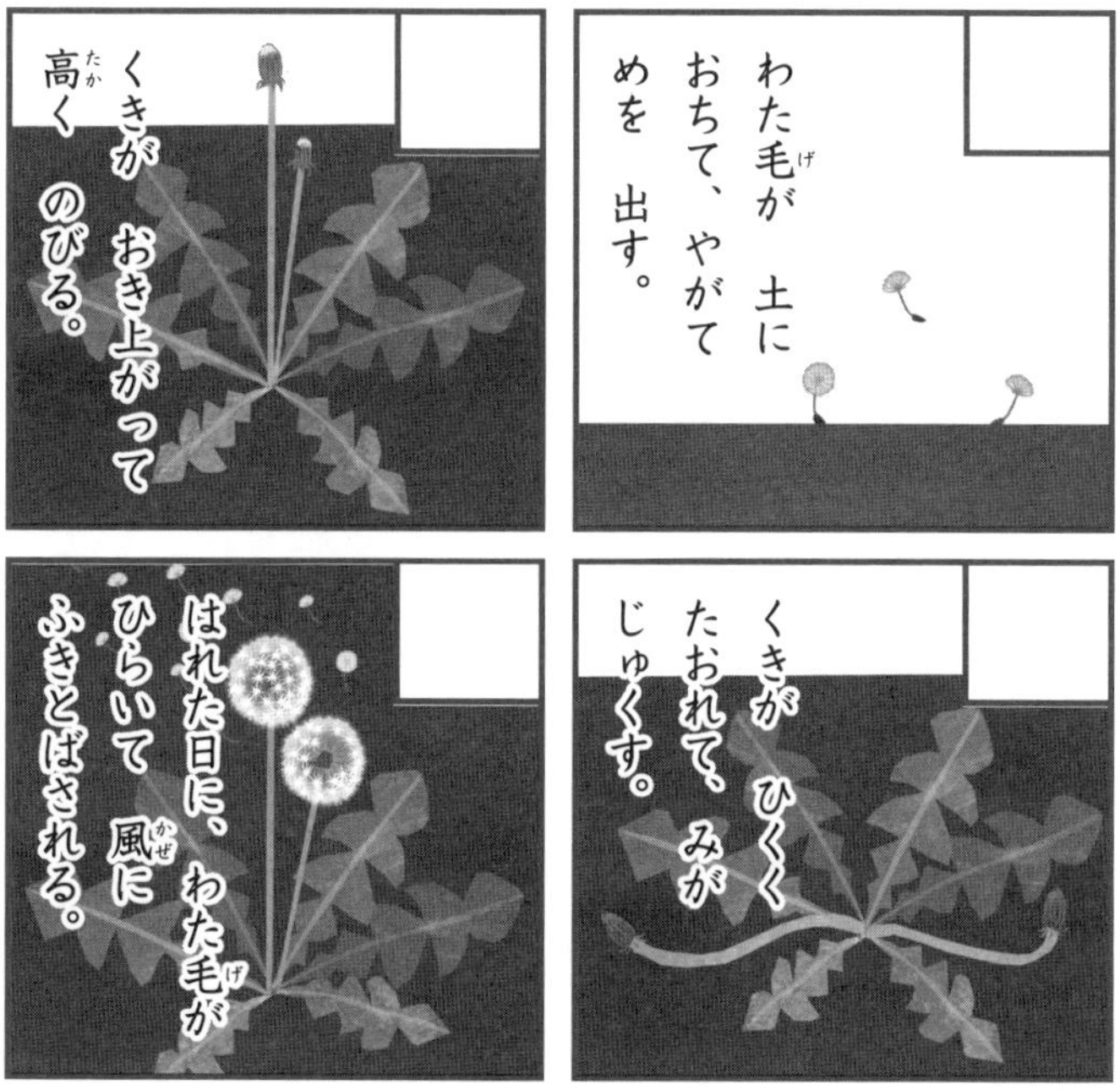

国語《こくご》

14

読《よ》みとり もんだい③

あまやどり

★しを 読《よ》んで、答《こた》えましょう。

あまやどり

つるみ まさお

ゆうだち ふって きた
あっちから きみが
こっちから ぼくが
あたまを かかえて
とびこんだ
大きな 木の かさ
きみの かさ
ぼくの かさ
の したで

1 「あたまを かかえて とびこんだ」とは、どんな ようすを あらわして いますか。当《あ》てはまる ものに ○を 書《か》きましょう。

20点《てん》

あ（　）雨に ぬれて よろこんで いる ようす。

い（　）雨に ぬれないように いそぐ ようす。

う（　）雨に ぬれないように あそんで いる ようす。

2 「きみの かさ」「ぼくの かさ」とは 何《なん》の ことですか。当《あ》てはまる ものに ○を 書《か》きましょう。

20点《てん》

月　日

点《てん》

ゆうだち　はれちゃった
あっち　いく　きみと
こっち　いく　ぼくと
にっこり　わらって
あくしゅした
大きな　木の　かさ
きみの　かさ
ぼくの　かさ
の　したで

令和２年度版　東京書籍　新しい　国語　二下見返し〜１ページ
つるみ　まさお『あまやどり』

あ（　）大きな　かさ。
い（　）大きな　木。
う（　）大きな　やね。

3 この　しは　２つの　まとまりに　分《わ》けられます。２つ目の　まとまりの　はじめの　１行《ぎょう》を　書《か》きましょう。

30点《てん》

（　　　　　）

4 ゆうだちが　はれて、どんな　気もちに　なりましたか。当《あ》てはまる　ものに　○を　書《か》きましょう。

30点《てん》

あ（　）ざんねんで　くらい　気もち。
い（　）くやしくて　いらいらした　気もち。
う（　）あかるく　さわやかな　気もち。

国語《こくご》

15 まとめの テスト①
かん字

1 ——の かん字の 読《よ》みがなを （　）に 書《か》きましょう。 ひとつ4点《てん》（48点《てん》）

① 月曜日（　）の 時間（　）わり。

② 公園（　）に 行（　）く。

③ 道（　）が 交（　）わる。

④ 作文（　）を 書（　）く。

⑤ 新（　）しい ノート。

⑥ 強（　）い 風（　）が ふく。

⑦ 大切（　）な 人。

⑧ 人数（　）が 少（　）ない。

⑨ 会話（　）を 楽（　）しむ。

⑩ 黄色（　）の 小鳥（　）。

⑪ 電車（　）が 走（　）る。

⑫ カボチャの 馬車（　）。

月　　日

点《てん》

2 □に 当《あ》てはまる かん字を 書《か》きましょう。

ひとつ4点《てん》(52点《てん》)

① □《おん》□《どく》を する。

② 犬の □《な》き □《ごえ》。

③ □《もん》の □《そと》に 出る。

④ □《さん》□《すう》の プリント。

⑤ □《みなみ》の □《くに》。

⑥ クラスの □《とも》だち。

⑦ とくいな □《きょう》□《か》。

⑧ □《て》□《がみ》を もらう。

⑨ □《いえ》の □《ちか》く。

⑩ □《ちち》と □《はは》。

⑪ うで □□《どけい》を つける。

⑫ □□《きょう》と □□《あす》。

⑬ □□《けさ》の □《たい》おん。

まとめのテスト②
ジオジオの かんむり

★文しょうを 読《よ》んで、答《こた》えましょう。

ジオジオは、ライオンの中でもいちばん強《つよ》かったのです。だから、遠《とお》くの方《ほう》で、ジオジオのかんむりがちかっと光《ひか》ると、だれでも、こそこそかくれてしまうのです。

本当《ほんとう》は、ジオジオはつまらなかったのです。きりんをおいかけるのも、しまうまをおいかけるのも、いやになって、ジオジオは水の中をのぞいてみました。だれかと、ゆっくり話《はな》してみたくなりました。

「おや、しらがが生えてきた。おや、目がよく見えなくなってきた。」

「ジオジオの王さま、つまらなそうですね。わたしもつまんないんです。」

すぐそばで、はい色《いろ》の鳥《とり》が言《い》いました。

1 「ジオジオはつまらなかったのです。」と ありますが、ジオジオは どんな ようすですか。当《あ》てはまる ものに ○を 書《か》きましょう。 20点《てん》

あ（　）きりんや しまうまを つかまえられなくて、がっかり して いた。

い（　）きりんや しまうまに おいかけられて、いやに なって いた。

う（　）きりんや しまうまを おいかけるのが、いやに なって いた。

2 「わたしもつまんないんです。」と ありますが、はい色《いろ》の 鳥《とり》が つまらないのは なぜですか。 30点《てん》

月　日

点《てん》

「だって、六つもあったたまごが、みんな
なくなってしまったんですよ。三つは、ひょうが
ぬすんだんです。二つは、へびがのんだんです。
あと一つは、川の中におっことして
しまったんです。」
「そうかい、そりゃ、つまらないだろうな。
うむ――、ああっと、いいこと考《かんが》えた。たまごを
うみたいなら、いいところがあるぞ。もっと
近《ちか》よりなさい。ないしょで教《おし》えるから。ほうら、
おれの頭《あたま》の上のかんむりの中なら、
どう思《おも》う。」
「なんていい思《おも》いつき。本当《ほんとう》に王さま、
そこにうんでもいいんですか。」
はい色《いろ》の鳥《とり》はうれしくて、ぴょんと
とび上がりました。
鳥《とり》は、ジオジオの頭《あたま》の上に、すを作《つく》りました。
鳥《とり》は、すの中に、たまごをうみました。ジオジオは、
鳥《とり》を頭《あたま》の上に乗《の》せて歩《ある》いたのです。
のっそりのっそり、歩《ある》いたのです。

令和2年度版　光村図書　こくご　赤とんぼ　二下148～155ページ
きしだ　えりこ『ジオジオのかんむり』

3 ジオジオが 思《おも》いついた いい 考《かんが》えとは、どんな ことですか。□に 当《あ》てはまる ことばを 書《か》きましょう。 30点《てん》

ジオジオの □ の 中で たまごを うむ。

4 ジオジオが 思《おも》いついた いい 考《かんが》えを きいて、はい色《いろ》の 鳥《とり》は、どんな 気もちに なりましたか。当《あ》てはまる ものに ○を 書《か》きましょう。 20点《てん》

あ（　）つまらない 気もち。
い（　）かなしい 気もち。
う（　）うれしい 気もち。

国《こく》語《ご》 こたえあわせ

おうちの方は、「間違えたときのアドバイス」を参考に、○をつけてあげてください。

1 2・3ページ かん字①

1

①にっこう ②あに ③うち
④あ ⑤とおまわ ⑥じょうがい
⑦おお ⑧なが・かたな ⑨ごご
⑩はんぶん・き ⑪はは・ゆうじん
⑫いま・なんじ

間違えたときのアドバイス
「日光」の場合、1文字ずつであれば「にち」「こう」と読みますが、2字続けると「にっこう」と促音が入ります。このような、読み方に変化があるものは、声に出して読むように伝えましょう。一つの熟語として捉えることで、読み間違いが減っていきます。言葉の意味がわからないときは、辞書を一緒に引いて意味調べをすると、語彙力がアップします。

2

①一万円 ②丸 ③交通 ④東京
⑤体 ⑥会 ⑦元気 ⑧同 ⑨地図
⑩公園 ⑪夜 ⑫野原 ⑬日直

2 4・5ページ ことば①

1

①一ぽん ②二まい ③三ぼん
④五こ（五つ） ⑤六さつ

2

① 車
② スズメ
③ 馬《うま》
④ ねこ
⑤ 人

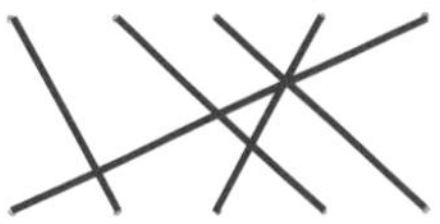

一頭《とう》、二頭《とう》、三頭《とう》…
一ぴき、二ひき、三びき…
一羽《わ》、二羽《わ》、三羽《ば》…
一人《ひとり》、二人《ふたり》、三人《さんにん》…
一台《だい》、二台《だい》、三台《だい》…

間違えたときのアドバイス
数え方は、●個、●つ、という数え方をしても意味は通じますが、ものに合わせて使い分けると、正しい日本語が身につきます。「テレビはなんと数えるでしょう?」など、身近なものからクイズ形式にして問題を出してあげると、楽しみながら学習できます。

類題
上の ことばに 合う 数え方を 下から えらんで、線で むすびましょう。
①Tシャツ・　・一台、二台、三台…
②くつ　　・　・一枚、二枚、三枚…
③パソコン・　・一足、二足、三足…

（答え）
①Tシャツ
②くつ
③パソコン

一台、二台、三台…
一枚、二枚、三枚…
一足、二足、三足…

3

①
（　）風《かぜ》が ぴゅーぴゅー ふく。
（○）風《かぜ》が びゅーびゅー ふく。

②
（○）石が ごろごろ ころがる。
（　）石が ころころ ころがる。

③
（○）紙《かみ》を びりびり やぶる。
（　）紙《かみ》を ぴりぴり やぶる。

④
（　）ドアを とんとん たたく。
（○）ドアを どんどん たたく。

①二月　**②**金曜日　**③**昼　**④**今日
⑤小学生　**⑥**来週

6・7ページ

3 かん字②

1
①もとどお　②たいふう
③いえ・かえ　④ふる・てら
⑤あ　⑥いわやま　⑦みせばん
⑧ゆみ　⑨きょうだい　⑩せん・ひ
⑪さい　⑫いけ

2
①作る　②売れる　③分かれる
④広い　⑤教える　⑥数える
⑦明るい　⑧楽しむ　⑨答える
⑩聞こえる　⑪親しい　⑫食べる
⑬細かい

間違えたときのアドバイス
漢字は書けていても、送り仮名で間違えてしまうケースはよくあります。ミスを減らすためには、送り仮名の部分を大きく読みながら声に出して覚えるのもいいです。また、「売る」「売れる」「売っている」など、言葉の使い方をいくつか思い浮かべるようにすると、「売」の部分は「う」で、ほかは送るということがわかります。

8・9ページ

4 かん字③

1
①きしゃ　②うみ　③せいかつ
④いっしゅうかん　⑤ちゅうしん
⑥おも　⑦あまど　⑧ほうがく
⑨ひるやす　⑩は　⑪まいあさ
⑫らいねん

2
①行　②姉　③名前　④妹　⑤教室
⑥市場

3
国語・算数・理科・社会・図工・音楽・生活

※教科《きょうか》のじゅん番《ばん》は、同《おな》じでなくてもかまいません。

間違えたときのアドバイス
書きとり問題では、とめ、はね、はらいもしっかり書けているかチェックしましょう。テストの際に減点になってしまうので、細かいところにまで気をつけて書くように意識させましょう。また、教科書などで正しい書き順を確認させ、覚えられるようにしましょう。正しい書き順で書くと、字のバランスが良くなります。

10・11ページ

5 ことば②

1
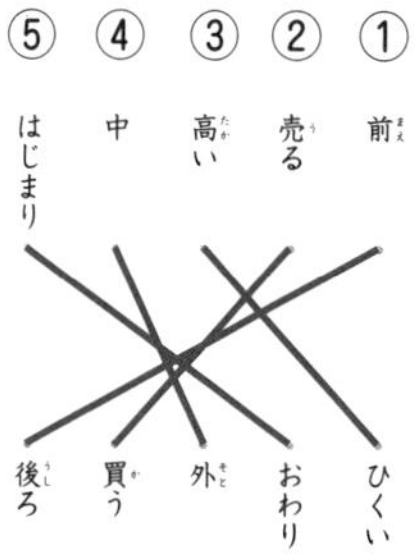

2
①ドアを　あける。（　）おく（○）ひらく
②家《いえ》へ　帰《かえ》る。（○）もどる（　）いる
③先生と　話《はな》す。（　）言う（○）しゃべる
④きれいな　けしき。（　）明るい（○）うつくしい

3
①こぐ　②はく　③かける　④入る
⑤書く

4
①ソーセージ　②カレーライス
③ハンバーガー　④ホットケーキ
⑤シャーベット

間違えたときのアドバイス

動きの言葉（動詞）は、対になる言葉をセットで覚えるようにしていくと、語彙力がつきます。カタカナの長音（伸ばす音）は、声に出して読むように促しましょう。合わせて、どんな言葉をカタカナで表すかも一緒に確認するようにしましょう。

類題

上の ことばと はんたいの いみの ことばを 線で むすびましょう。

①ひらく・　・止まる
②すすむ・　・きる
③ねる・　・とじる
④ぬぐ・　・おきる

（答え）

①ひらく　止まる
②すすむ　きる
③ねる　とじる
④ぬぐ　おきる

12・13ページ

6 かん字④

1

①こえ・うた　②と　③けいと
④かたち　⑤てんすう
⑥こた・かんが　⑦がようし
⑧しょうじき・はな　⑨や
⑩せんちょう　⑪し　⑫こめ

2

①三角形　②茶色　③歩道　④星
⑤書

3

春・夏・秋・冬

4

馬・牛・鳥・魚

5

東・西・南・北

間違えたときのアドバイス

❸〜❺は、一緒に出題されることが多いので、セットで覚えておくといい漢字です。他にも、父・母・兄・姉・弟・妹など、関連が深い漢字も合わせて覚えておくように伝えましょう。

類題

天気の かん字を 4つ 書きましょう。

はれ　くも　あめ　ゆき

（答え）晴れ　雲　雨　雪

14・15ページ

7 文づくり① しゅ語《ご》と じゅつ語《ご》

1

①バスが はっ車します。
②教室《きょうしつ》は しずかです。
③とかげが みずうみで およいでいます。
④しろくまは 出かけています。

2

①ア　②ウ　③イ

3

①ねこ　②しぼる（しぼった）
③オレンジ（色）だ

4

①今日《きょう》の 天気は とても よい。
②一時間目《いちじかんめ》は 大すきな 国語《こくご》だ。
③とかげが ねこに 話《はな》しかける。
④ぺんぎん?が 読《よ》んでいる 本は むずかしい。

間違えたときのアドバイス

主語に線を引く問題は、どこまで線を引けているかしっかりチェックしましょう。例えば、「しろくま」だけではなく、「しろくまは」までが主語になります。述語は、どうする（見る、読む）など動きの言葉だけでなく、どんなだ（きれいだ、黄色い）など、様子を表す言葉もあることに気づかせましょう。

類題

次の 文の 主語に ＝を、述語に ―を つけましょう。

①わたしは 毎朝 七時に おきる。
②夕日が 赤くて とても きれいだ。

（答え）

①わたしは 毎朝 七時に おきる。
②夕日が 赤くて とても きれいだ。

8 かん字⑤
16・17ページ

1
①とも・い ②にっき・か
③たにがわ ④やまざと ⑤やせい
⑥むぎちゃ ⑦せいもん ⑧くも
⑨あたま ⑩ぎゅうにく ⑪な
⑫はね

2
①組 ②絵 ③読 ④電車 ⑤船
⑥雪 ⑦自・考 ⑧父 ⑨話
⑩計算 ⑪買 ⑫走 ⑬土曜日

間違えたときのアドバイス
「絵」と「紙」、「話」と「語」、「走」と「歩」などは、へんやつくりが似ていて間違えやすい漢字です。必ず見直すように習慣づけましょう。

類題
つぎの ひらがなを かん字で 書きましょう。
①おしえる ②かぞえる ③おや
④あたらしい
(答え) ①教える ②数える ③親 ④新しい

9 文づくり②
18・19ページ

1
①しろくまが ②きゅうりを
③おさらに ④食《た》べている。
⑤もっている。

2
③→⑤→②→①→④

3
はじめは・でも

間違えたときのアドバイス
❷最初の文章は、「いつ・どこで」の内容が入っているものであることを意識させましょう。間の文章を選ぶときは、「まず＝最初に」という意味であること、「つぎに」は2番目をさすことを確認します。②の次にくる文は①か④で迷いますが、①はブランコの話をしているので、②の続きであることがわかります。
❸選択肢の中のそれぞれの接続詞が、文章をどのような展開にする役割があるのかを確認させましょう。「でも」は、後ろに続く文が〝予想外の結果や展開〟になります。「はじめは」は、「〜だったが、こうなった」という、〝最初の状況と次の状況が反対になる〟こと。「なぜなら」は、〝前の文章の出来事の理由になる〟こと。「だから」は、〝後ろに当然の結果が続く〟ことになります。

類題
①〜⑤の 文しょうを 正しい じゅん番に ならべましょう。
①つぎに、2年生の グループが おどりました。
②日曜日に、町の じどうかんで バレエの はっぴょう会が ありました。
③2年生の グループは みんなで ピンクの おそろいの いしょうを きて おどりました。
④はじめに、1年生の グループが おどりました。
⑤はっぴょう会の さい後は 先生の おどりを みんなで 見ました。
(答え) ②→④→①→③→⑤

10 かん字⑥
20・21ページ

1
①あす ②かあ ③かわら ④きょう
⑤けさ ⑥ことし ⑦とう ⑧とけい
⑨にい ⑩ねえ

2
①顔 ②長・首 ③高 ④黄色
⑤黒 ⑥食

3
①強・弱 ②多・少 ③新・古
④近・遠 ⑤細・太

間違えたときのアドバイス

「あす」「きょう」「けさ」など、特別な読み方をする漢字を、熟字訓と言います。漢字1字1字にはない読み方をするため、1つの言葉として覚えていくように教えましょう。「上手」「下手」「時雨」など、1・2年生で習った漢字の組み合わせにも熟字訓があります。漢字辞典を引きながら学習していくと、楽しく取り組めるでしょう。

22・23ページ

11 ことば③

1

①かけ回る　②食べおわる
③とびこえる　④切りとる
⑤見おくる

2

①思う・出す　②ふむ・つぶす
③かける・上がる　④かむ・切る
⑤おる・たたむ

間違えたときのアドバイス

2つの言葉の組み合わせを複合動詞と言います。組み合わせたときに、言葉の一部が変化しますが、変わるのは前につく言葉だけで、後ろにつく言葉の読み方は変わらないことに気づかせましょう。

類題

2つの　ことばを　組み合わせて　1つの　ことばに　しましょう。

①もつ＋上げる
②ねる＋ころぶ
③とぶ＋おきる

（答え）
①もち上げる　②ねころぶ　③とびおきる

類題

組み合わせた　ことばを　もとの　2つの　ことばに　直しましょう。

①きがえる
②おし出す
③立ち上がる

（答え）①きる＋かえる　②おす＋出す
③立つ＋上がる

3

①うぐいす・さくら
②せみ・ひまわり
③すずむし・すすき
④白鳥・すいせん

4

春《はる》	夏《なつ》	秋《あき》	冬《ふゆ》
お花見	山開き	もみじ	クリスマス
入学しき	海開き	お月見	お正月
ひなまつり	七夕	七五三	せつ分

※じゅん番《ばん》は、同《おな》じでなくても　かまいません。

間違えたときのアドバイス

季節のことばは、野菜や果物、お花などから語彙を増やしていくのがいいでしょう。スーパーや生花店では、その季節の旬のものが売られているので、ふだんの生活の中で身につけることができます。季節のイベントは、カレンダーに書き込まれているものもあるので、めくりながら季節の移り変わりを気をつけさせるといいでしょう。

24・25ページ

12 読《よ》みとり　もんだい①　きつねの　おきゃくさま

1

がぶりとやろうと思った

❷
あ（　）もっと、やさしいと　言《い》われたいと　思《おも》ったから。
い（　）もっと、お兄《にい》ちゃんらしく　しようと　思《おも》ったから。
う（〇）つれて　帰《かえ》って　太《ふと》らせてから　食《た》べようと　思《おも》ったから。

❸
あ（　）とても　いやな　気もち。
い（〇）はずかしいけど、うれしい　気もち。
う（　）くやしくて、かなしい　気もち。

❹
やさしい

間違えたときのアドバイス

いずれも、きつねの気持ちや考えを答える問題です。「　」のなかの言葉は、しゃべっている言葉なのでわかりやすいですが、気持ちを表しているのは地の文の中にあるので、丁寧に読み進めるように言いましょう。
❶は、問題文の「さいしょに」がポイントになります。文章内の「太らせてから食べよう」の前に「思ったが」があることに気づけば、答えを導きやすくなります。
❷❸❹は、「にやりとわらった」「ぼうっとなった」という言葉が、きつねのどのような感情を表しているかを読み解きます。イメージしやすいように、「にっこり笑う」と「にやりと笑う」の表情の違いなどを実際に見せながら解説してあげるといいでしょう。

26・27ページ

13 読《よ》みとり　たんぽぽ　もんだい②

❶
あ（　）みを　じゅくして　たねが　できるように　する　ため。
い（　）花を　さかせる　ため。
う（〇）くきの　上の　わた毛《げ》を　風《かぜ》で　よく　とぶように　する　ため。

❷
ふわふわ・たね

❸
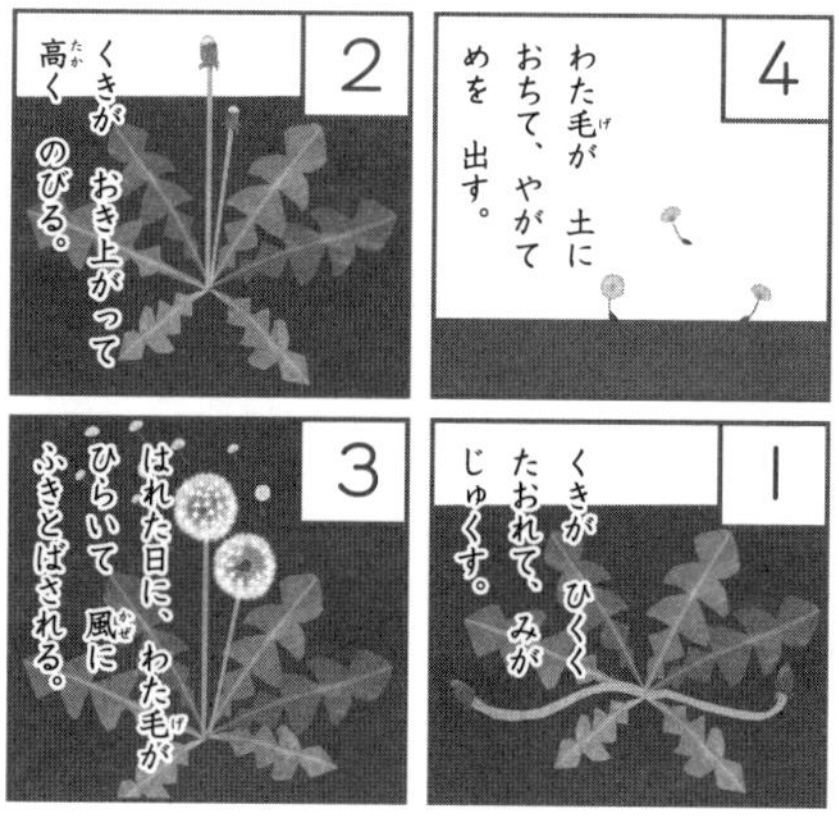

間違えたときのアドバイス

たんぽぽの成長過程をイメージするには、文章内にある「〜すると、〜します」といった、流れを表すことばを見つけることが大切です。それぞれ文の主語と述語が何になるのか、線を引くように促しましょう。

❶は、文章の最初の「花が　しぼむと〜」から「みが　じゅくして　たねが　できると〜」を順番を考えて読むように伝えましょう。あ・い・うのどれが違うかが見えてきます。
❷の「わた毛にたねがついている」という解答は、後半にある、わた毛が土に落ちてからの文でわかります。何がめを出すのかがわかると、たねを説明する文に、わた毛にはたねがついていることに気がつけるでしょう。

28・29ページ

14 読《よ》みとり　あまやどり　もんだい③

❶
あ（　）雨に　ぬれて　よろこんで　いる　ようす。
い（〇）雨に　ぬれないように　いそぐ　ようす。
う（　）雨に　ぬれないように　あそんで　いる　ようす。

❷
あ（　）大きな　かさ。
い（〇）大きな　木。
う（　）大きな　やね。

❸
ゆうだち　はれちゃった

❹
あ（　）ざんねんで　くらい　気もち。
い（　）くやしくて　いらいらした　気もち。
う（〇）あかるく　さわやかな　気もち。

間違えたときのアドバイス

詩の読み取りは、題名がヒントになります。何について書かれた詩であるかがわかると問題を解きやすくなるので、最初にしっかり確認することを習慣づけましょう。

❶「ゆうだち」の言葉の意味がわからない場合は、一緒に辞書を引いて、確認しましょう。「とびこむ」というのは、「とぶ＋こむ」の複合動詞です。「込む」の意味がわからない場合は、入ると同じ意味であることを説明しましょう。飛ぶように入っていく様子から、急いでいることがわかります。

❷詩には独特の比喩があります。ゆうだちが、突然の激しい雨であり、「あたまを　かかえて　とびこんだ」先が、大きな木であることから連想し、かさ＝大きな木だと導き出せます。

❸詩の区切りを「連」と言い、まとまった行と行の間が開いている箇所が目印になります。この詩では、最初の「ゆうだち　ふって　きた」と同じようなリズムが途中で出てくるので、切りかえ点になっていることがわかります。

15 まとめの　テスト①　かん字

30・31ページ

1

①げつようび・じかん　②こうえん・い　③みち・まじ　④さくぶん・か　⑤あたら　⑥つよ・かぜ　⑦たいせつ　⑧にんずう・すく　⑨かいわ・たの　⑩きいろ・ことり　⑪でんしゃ・はし　⑫ばしゃ

2

①音読　②鳴・声　③門・外　④算数　⑤南・国　⑥友　⑦教科　⑧手紙　⑨家・近　⑩父・母　⑪時計　⑫今日・明日　⑬今朝・体

16 まとめの　テスト②　ジオジオの　かんむり

32・33ページ

1

Ⓐ（　　）きりんや　しまうまを　つかまえられなくて、がっかり　していた。

Ⓘ（　　）きりんや　しまうまに　おいかけられて、いやに　なっていた。

Ⓤ（〇）きりんや　しまうまを　おいかけるのが、いやに　なっていた。

2

（六つもあった）たまごが、みんななくなってしまったから

3

（頭の上の）かんむり

4

Ⓐ（　　）つまらない　気もち。

Ⓘ（　　）かなしい　気もち。

Ⓤ（〇）うれしい　気もち。

間違えたときのアドバイス

長文の読み取りは難しいと感じやすいですが、これまでと同じように、情景を思い浮かべながら、文章を丁寧に読み取るように声がけをしましょう。

❷は、直後にある「だって」という、理由を説明する言葉を見つけられるかがポイントです。答えを書くときは、なぜですか、の質問に答える形で、「～だから」で終わる書き方をするように意識させましょう。

❸は、たまごを産む場所について話しているのが、どこからどこまでかを考えさせましょう。はい色の鳥が「なんていい思いつき」と言っているので、それより前に答えがあることがわかります。

おうちの方へ

2年生で習う漢字は１６０字あり、1年生の80字と比べると2倍の量です。画数の多い漢字も増えますが、「とめ、はね、はらい」に気を付けることが基本です。読解は1年生より長い文章で複雑になるので、５Ｗ１Ｈ（誰が、いつ、どこで、何を、なぜ、どのように）をとらえることがポイントになります。表現力をつけるために、お子様にたくさん話をさせて文の感覚をつけましょう。（監修：卯月啓子）

類題

左の　はこを　ひらきました。　正しい　ほうの　図の　（　　）に　○を　書きましょう。

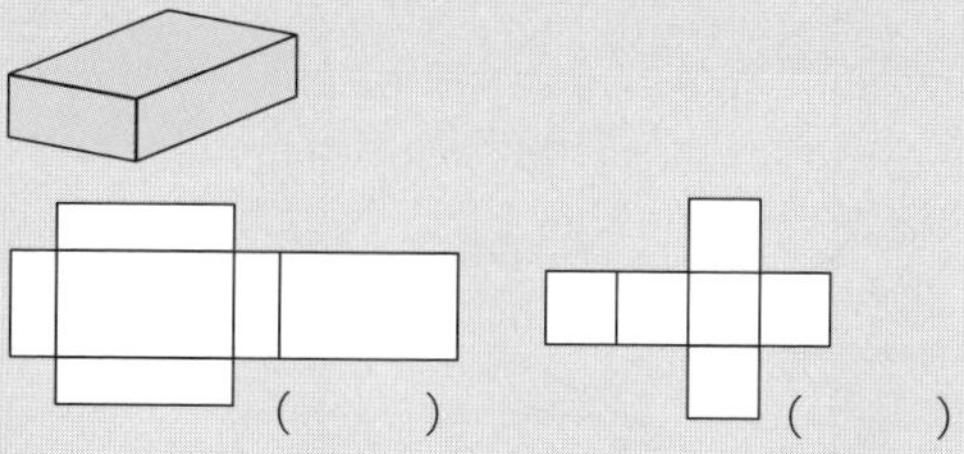

（答え）左に○

53・52ページ

14 まとめの　テスト①　計算《けいさん》

1

① $28 + 15 = 43$

② $178 + 35 = 213$

③ $52 - 26 = 26$

④ $166 - 98 = 68$

2 ①16　②12　③16　④30
⑤42　⑥63　⑦24　⑧45

3 ①9　②5　③9　④8　⑤4　⑥3

4 ①8×7=56　56
②10×6=60　60

5 5・$\frac{1}{5}$

51・50ページ

15 まとめの　テスト②　たんいと　図形《ずけい》1

1

おかしの しゅるい	カステラ	ゼリー	ドーナツ
おかしの数《かず》	5	4	5

※「おかしのしゅるい」のじゅん番《ばん》は
同《おな》じでなくてもかまいません。

○		○
○	○	○
○	○	○
○	○	○
○	○	○
カステラ	ゼリー	ドーナツ

2 ①1　②80　③500　④2
⑤750　⑥20・2　⑦1・14

3 ①2　②5　③3　④800
⑤4000　⑥90　⑦12　⑧3・8

4 ①850　②8・6　③2・7

5 ①午前《ごぜん》9　②午後《ごご》1
③午前《ごぜん》3　④午前《ごぜん》4・30

49・48ページ

16 まとめの　テスト③　たんいと　図形《ずけい》2

1 ①8　②6　③6　④24

2 ①8　②4　③4　④4

3 ①エ　②オ　③イ　④ア

おうちの方へ

かけ算九九をスラスラ言えないと、進級するにつれ、算数学習が困難になるので、しっかり覚えられるようにサポートしてあげてください。「長さ」と「かさ」の計算では単位換算をします。実物をイメージさせ、単位の違いを理解させることが大事です。筆算の繰り上がり、繰り下がりもつまずく要因になります。定着するまで１年生の問題を解いてもいいですね。（監修：卯月啓子）

間違えたときのアドバイス

三角形の定義と四角形の定義は、頂点（とがった角）と辺（平らな線）の数に着目します。答え以外の記号は、どこが違うのか説明するように促すと、理解が深まります。❻は、「向かい合っている辺の長さは同じである」ことを確認させましょう。

類題

長方形の　㋐と　㋑の　長さは　何 cm ですか。

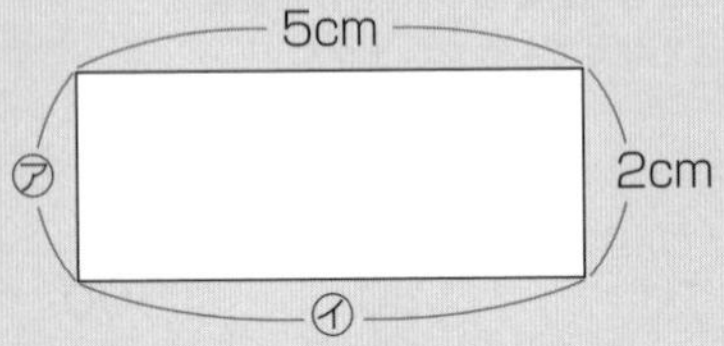

（答え）㋐ 2cm　㋑ 5cm

57・56ページ

12 直角三角形《ちょっかくさんかくけい》

❶ ㋑・㋕

❷

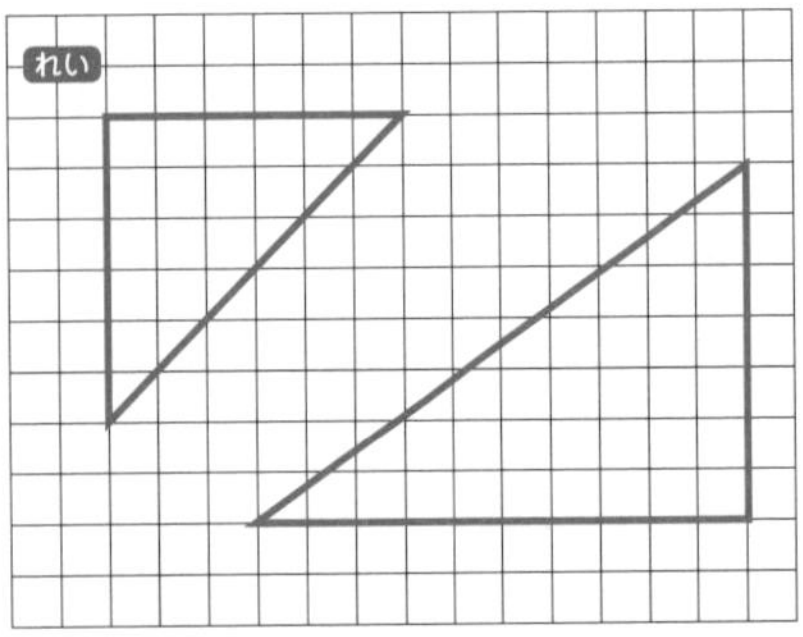

1つの角《かど》が直角《ちょっかく》になっていれば、ほかの形《かたち》でもかまいません。

❸ ①

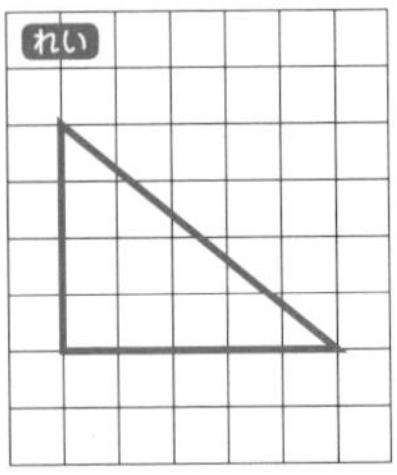

②

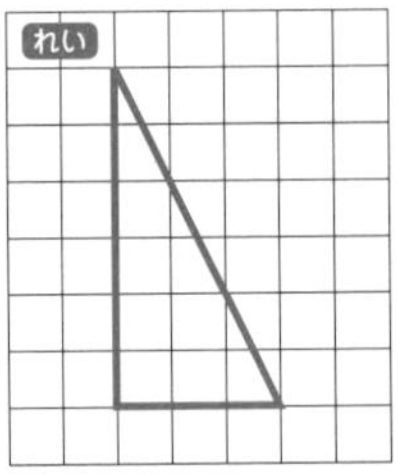

❹ ①4　②12

間違えたときのアドバイス

直角を実生活の中で見つけて、感覚を身につけさせましょう。❹の②は 8 と答えがちな問題です。見つけられない場合は、「直角はどこにあるかな？　小さい三角形かな？　大きい三角形もあるかな？」と声をかけてあげましょう。

類題

下の　図の　中に　直角三角形は　何こ　ありますか。

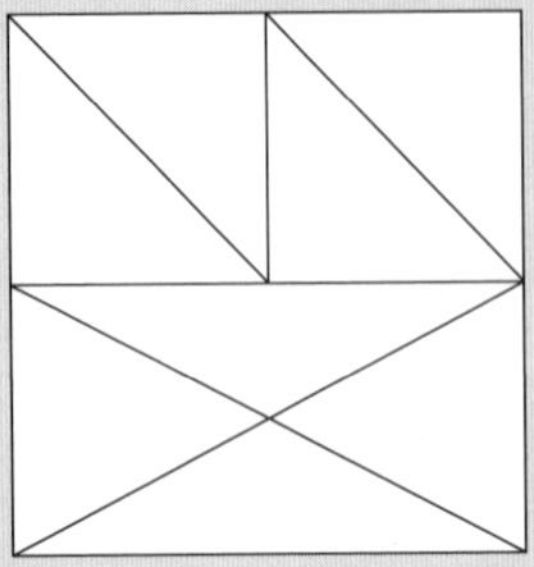

（答え）8 こ

55・54ページ

13 はこの　形《かたち》

❶ ①6　②6

❷ ①12・8　②12・8

❸ ①8　②4　③8

❹ ①

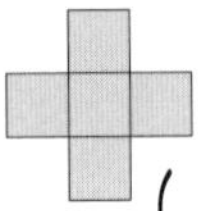

（　　）

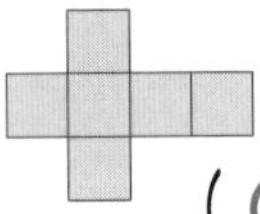

（○）

②

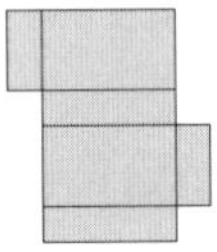

（○）

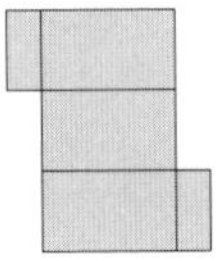

（　　）

❺ ①㋐　②㋔　③㋓　④㋑

間違えたときのアドバイス

四角い箱は、形が違っていても、面の数＝ 6、辺の数＝ 12、頂点の数＝ 8 であることに気づかせましょう。数えるときは、見えない部分を数え忘れないように注意させましょう。展開図の問題は、お菓子の箱やティッシュの箱などを分解してみると、展開図を頭の中でイメージしやすくなります。

類題

□に　当てはまる　数字を　書きましょう。

① 2L7dL =□ dL　②　　8dL =□ mL

（答え）① 27　② 800

類題

かさの　たし算と　ひき算を　しましょう。

① 700mL + 100mL =

② 6L8dL + 3L1dL =

（答え）① 800mL　② 9L9dL

61・60ページ

10 時《じ》こくと　時間《じかん》

1 ①60　②90　③100　④120
⑤1・30　⑥2・10

2 ①午前《ごぜん》5・50
②午後《ごご》10・30

3 9

4 ①40　②50

5 ①午前《ごぜん》5　②午前《ごぜん》7　③午前《ごぜん》11
④午後《ごご》5　⑤午前《ごぜん》9　⑥午前《ごぜん》9・50
⑦午後《ごご》1・10　⑧午後《ごご》2・50

間違えたときのアドバイス

時間の計算は、1年生で習った「何時何分」がわかっていることが前提になります。不安がある場合は、アナログの腕時計や壁掛け時計を使って、復習しましょう。午前か午後かを答える問題では、お昼の12時を正午といい、正午より前を午前、正午より後を午後ということを、言葉として覚えさせましょう。

類題

左の　時こくから　右の　時こく　までの
時間は　何分間ですか。

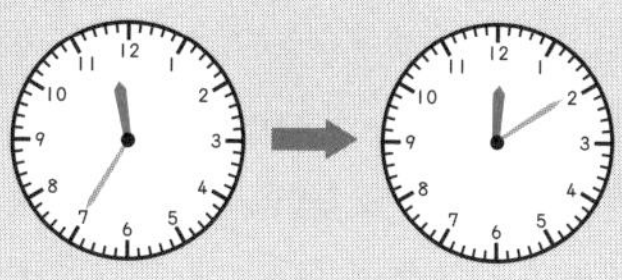

（答え）35分間

59・58ページ

11 三角形《さんかくけい》と　四角形《しかくけい》

1 ㋑・㋓

2 ㋗・㋙

3 ①

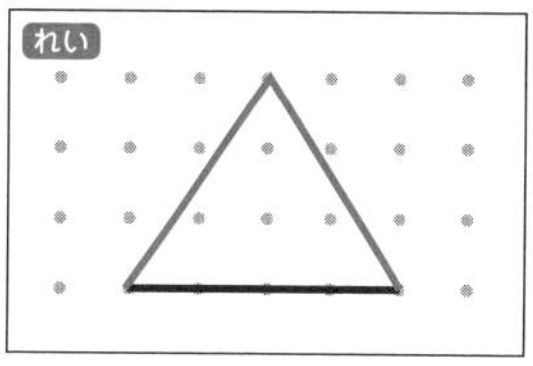

❸～❺はじょうけんが合《あ》っていればほかの形《かたち》でもかまいません。

②

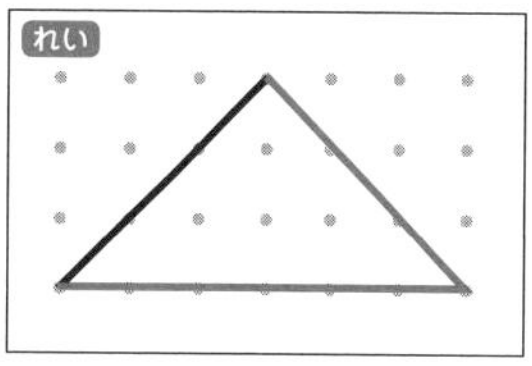

4 ①

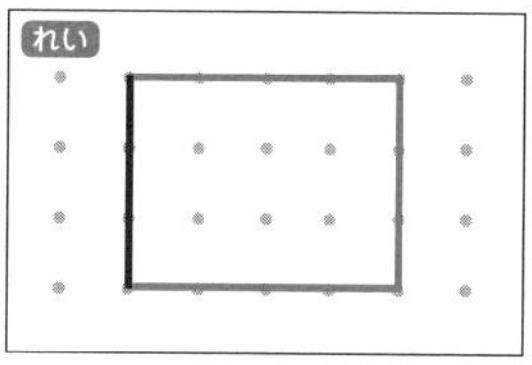

②

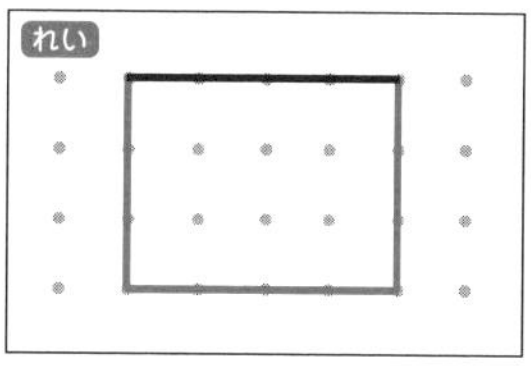

5 ①

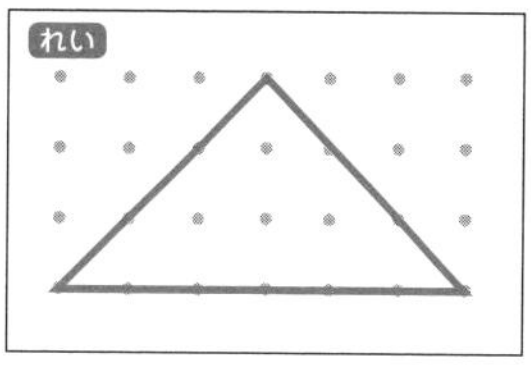

②

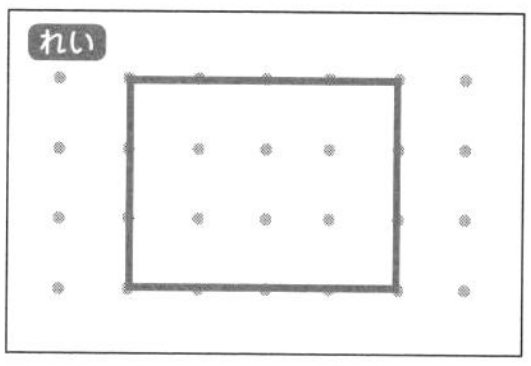

6 ①6　②4　③4　④16

67・66ページ

7 数《かず》を　分《わ》かりやすく　あらわす

1

たまごやき	たこウィンナー	トマト	ブロッコリー
	○		
	○		
○	○		○
○	○	○	○
○	○	○	○
○	○	○	○

2

くだもののしゅるい	イチゴ	バナナ	オレンジ	レモン
くだものの数《かず》	6	3	5	2

3

たびおかの色《いろ》	ピンク	ブルー（水色《みずいろ》）	黄色《きいろ》
たびおかの数《かず》	6	4	5

※「たびおかの色《いろ》」のじゅん番《ばん》は同《おな》じでなくてもかまいません。

ピンク	ブルー（水色《みずいろ》）	黄色《きいろ》
○		
○		○
○	○	○
○	○	○
○	○	○
○	○	○

4 ①ピンク　②ブルー（水色《みずいろ》）　③2

間違えたときのアドバイス
表やグラフにすると、数の多い少ないがわかりやすくなることを意識させましょう。表にするときは、数え間違いがないように、線で消しながら数える、グラフにするときは、下から積み上げるように○を書くと、ミスがなくなることを教えましょう。

65・64ページ

8 長《なが》さの　たんいと　計算《けいさん》

1 9

2 ①1・5　②2・2　③2・8

3 ①1・20　②2・70

4 ①2・8　②5・90　③4・7　④3・60

5 ①3　②50　③100　④4
⑤810　⑥60・5　⑦920　⑧7・7

間違えたときのアドバイス
単位の計算は、これまでのたし算・ひき算と同じ考え方です。同じ単位どうしで計算するように促しましょう。単位の変換は、1cm＝10mm、1m＝100cmであることが理解できているかおさらいしましょう。道路標識などを見ながら、メートルの次に長い単位がキロメートルであることを教えると、長さの感覚が身についていきます。

類題
長さの　たし算と　ひき算を　しましょう。
① 7m50cm＋2m15cm＝
② 5m80cm―4m60cm＝
（答え）① 9m65cm　② 1m20cm

類題
□に　当てはまる　数字を　書きましょう。
①7cm9mm＝□mm
② 520cm＝□m□cm
（答え）① 79　② 5・20

63・62ページ

9 かさの　たんいと　計算《けいさん》

1 ①8　②1400　③2・5　④2000

2 ①5　②4　③8　④200　⑤7000
⑥50　⑦13　⑧8・5

3 ①8　②7　③800　④5
⑤8　⑥650　⑦3・9　⑧14・2

4 ①1L2dL+6dL＝1L8dL　1・8
②1L6dL-4dL＝1L2dL　1・2

※（しき）のこの部分《ぶぶん》は省略《しょうりゃく》してもかまいません。学校《がっこう》で習《なら》った書《か》き方《かた》に合《あ》わせてください。

間違えたときのアドバイス
単位の変換は、1L＝10dL＝1000mL、1dL＝100mLとすらすら言えることがポイントです。混乱しやすいですが、1L＞1dL＞1mLの大小関係であることを理解させましょう。発展として、1カップ＝200mLであることを教えると、料理の際にかさの計算が役立つことを実感できるでしょう。

③
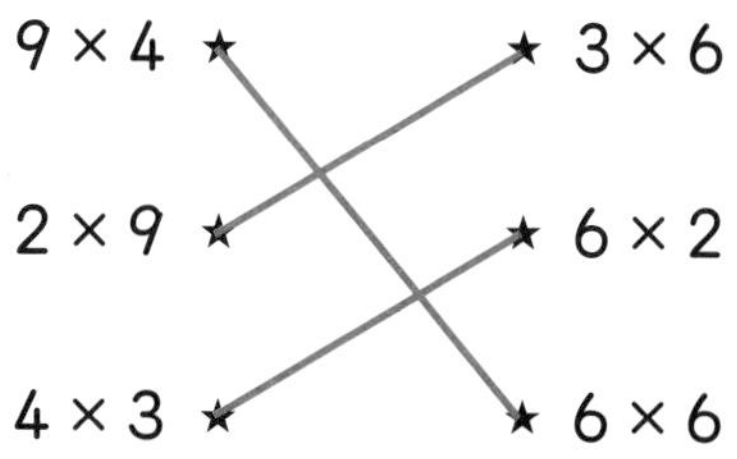

間違えたときのアドバイス

かけ算は、1年生で習った「2が3つで6」「10が9こで90」の考え方が基本になっています。解答に迷っていたら、「2を4回たすといくつかな？」とウオーミングアップしてもいいでしょう。暗唱に不安がある場合は、このドリルのカバーの内側にある、かけ算九九表を切り取り、持ち歩いたり壁に貼って使うようにしましょう。

類題

答えが　同じになる　式の　★と　★を　線で　むすびましょう。

3×8★　　★1×6
4×4★　　★6×4
2×3★　　★8×2

（答え）

71・70ページ

5 かけ算《さん》の　文しょうもんだい

❶ 6・4・24・24

❷ ①2・4・8・8　②5・7・35・35
③9・6・54・54　④10・7・70・70
⑤7・7・49・49
⑥3・3・9・9　5・3・15・15

間違えたときのアドバイス

かけ算の文章問題は、「1つあたりの数×いくつ分＝全体の数」を意識させます。1つあたりの数といくつ分の数を逆にしても答えは同じになりますが、問題文から考えて式を書くように促すことで、読み取る力も身につきます。

類題

しろくまは　1日　3ばい　お茶を　のみます。
7日間では　何はいに　なりますか。
（答え）しき　3×7＝21　答え 21 はい

69・68ページ

6 かんたんな　分数《ぶんすう》

❶ ①
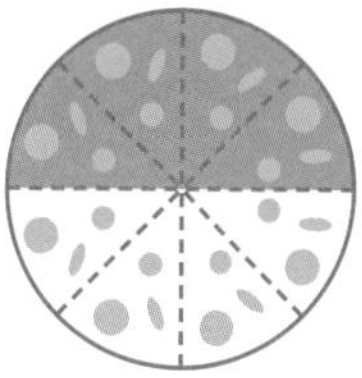
②
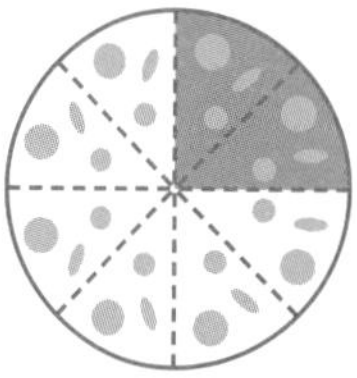
③
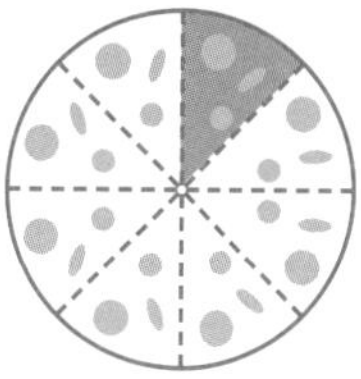
④ねこ

※ぬっているはんいが同《おな》じであれば、どこをぬってもかまいません。

❷ ①$\frac{1}{2}$　②$\frac{1}{4}$　③$\frac{1}{3}$

❸ ①3・$\frac{1}{3}$　②$\frac{1}{2}$　③3

間違えたときのアドバイス

分数の基礎になる問題です。「$\frac{1}{2}$は、もとの大きさを2つに分けたうちの、1つ」という考え方をします。分けた数を下に（分母）、そのうちのいくつかを上（分子）に書くように教えましょう。分子の数が同じ場合、分母の数が大きくなるほど、指す部分の大きさが小さくなることに気づかせましょう。

類題

色を　ぬった　ところの　大きさは　もとの
大きさの　何分の一ですか。

①
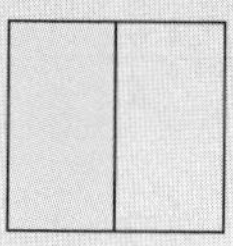
②
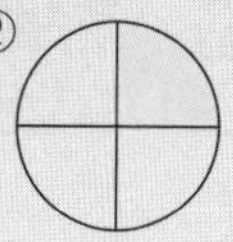

（答え）①$\frac{1}{2}$　②$\frac{1}{4}$

❸ ①

		3	5
+		3	2
		6	7

67

②

		6	5
+		4	8
	1	1	3

113

間違えたときのアドバイス

筆算では、一の位から順に、同じ位どうしを計算していけばいいことを確認させましょう。繰り上がりのある筆算の場合は、1 繰り上がることで、次の位では「1 +●+●」と、3 つの数のたし算になることを意識させましょう。繰り上げた 1 を忘れずに計算できるように、横に小さく書いておくといいでしょう。

類題

ねこは　37 円の　あめと　68 円の
クッキーを　買いました。
合わせて　いくらに　なりますか。

（答え）

		3	7
+		6	8
	1	0	5

105 円

75・74ページ

3 ひき算《ざん》の　ひっ算《さん》

❶ ①

	1	7
−	1	2
		5

②

	2	9
−	1	7
	1	2

③

	6	7
−	3	4
	3	3

④

	6	5
−	2	3
	4	2

⑤

	5	8
−	4	2
	1	6

⑥

	9	8
−	3	4
	6	4

⑦

	1	2	9
−		1	6
	1	1	3

⑧

	1	8	3
−		5	2
	1	3	1

❷ ①

	8	4
−	3	5
	4	9

②

	1	7	1
−		6	2
	1	0	9

③

	1	2	5
−		8	6
		3	9

④

	1	0	8
−		8	9
		1	9

❸ ①

	4	5
−	2	2
	2	3

23

②

	1	2	0
−		6	8
		5	2

52

間違えたときのアドバイス

❶の①のように、いちばん大きな位どうしを引いて「0」になるときは、「0」を書かなくていいこと、⑦⑧のように、いちばん大きな位から引く数がないときは、引かれる数の数字をそのまま書けばいいことを教えましょう。

❷繰り下がりのある筆算では、1 繰り下げると、次の位では「●−1−●」の計算式になることを覚えさせましょう。こちらも、繰り下げる 1 を忘れないように、横に小さく書くように指導しましょう。

類題

しろくまは　ティッシュペーパーを　53 まい
もっていました。
このうち　38 まい　つかいました。のこりは
何まいですか。

（答え）

		5	3
−		3	8
		1	5

15 まい

73・72ページ

4 かけ算《ざん》

❶ ①8　②18　③12　④24　⑤16
⑥28　⑦10　⑧25　⑨24　⑩54
⑪14　⑫49　⑬32　⑭72　⑮27
⑯45

❷ ①8　②9　③9　④8　⑤6
⑥5　⑦8　⑧9　⑨6　⑩9

算数《さんすう》
こたえあわせ

おうちの方は、「間違えたときのアドバイス」を参考に、○をつけてあげてください。

79・78ページ

1 大きな 数《かず》

❶ ①332 ②1000

❷ ①3・5・5 ②7・8・5
③748 ④5104

❸ ①920 ②1104 ③8566

間違えたときのアドバイス

数の位取りのおさらいです。千の位の数は1000のまとまり、百の位の数は100のまとまり、十の位の数は10のまとまり、一の位の数は1のまとまりがいくつかを順に数えさせましょう。お札や硬貨を用いると、わかりやすくなります。

❸は、千・百・十の文字を見つけることがポイントです。一の位がないとき、十の位がないときは、そこに「0」を書き忘れないように促しましょう。発展として、千の次は万、億、兆…と増えていくことを教えてもいいでしょう。

類題

つぎの 数を 数字で 書きましょう。
①五百七十二 ②千五十 ③二千三百九
(答え) ① 572 ② 1050 ③ 2309

❹ ①800・1000 ②2000・5000

❺ ①150・270・340
②1300・2800・4000

❻ ①< ②> ③<

間違えたときのアドバイス

❻は、数字の大小を表す記号の問題です。「大きく開いている方が大きい」という意味であることを理解しているか確認しましょう。比べるときは、1番大きな位の数どうしを比べ、同じだったらその次の位、という見方をするといいことを伝えましょう。

類題

2つの 数の 大小を 考えて □に >か
<を 書きましょう。
① 735 □ 687 ② 3498 □ 3472
③ 8693 □ 8724
(答え) ①> ②> ③<

77・76ページ

2 たし算《ざん》の ひっ算《さん》

❶
① $\begin{array}{r} 16 \\ +\ 11 \\ \hline 27 \end{array}$
② $\begin{array}{r} 22 \\ +\ 37 \\ \hline 59 \end{array}$
③ $\begin{array}{r} 35 \\ +\ 64 \\ \hline 99 \end{array}$
④ $\begin{array}{r} 46 \\ +\ 21 \\ \hline 67 \end{array}$
⑤ $\begin{array}{r} 43 \\ +\ 52 \\ \hline 95 \end{array}$
⑥ $\begin{array}{r} 61 \\ +\ 28 \\ \hline 89 \end{array}$
⑦ $\begin{array}{r} 132 \\ +\ 66 \\ \hline 198 \end{array}$
⑧ $\begin{array}{r} 115 \\ +\ 82 \\ \hline 197 \end{array}$

❷
① $\begin{array}{r} 58 \\ +\ 67 \\ \hline 125 \end{array}$
② $\begin{array}{r} 28 \\ +\ 73 \\ \hline 101 \end{array}$
③ $\begin{array}{r} 64 \\ +\ 41 \\ \hline 105 \end{array}$
④ $\begin{array}{r} 158 \\ +\ 58 \\ \hline 216 \end{array}$

② ひごと　ねん土玉を　つかって　はこの　形《かたち》を　作《つく》りました。

1つ8点《てん》(32点《てん》)

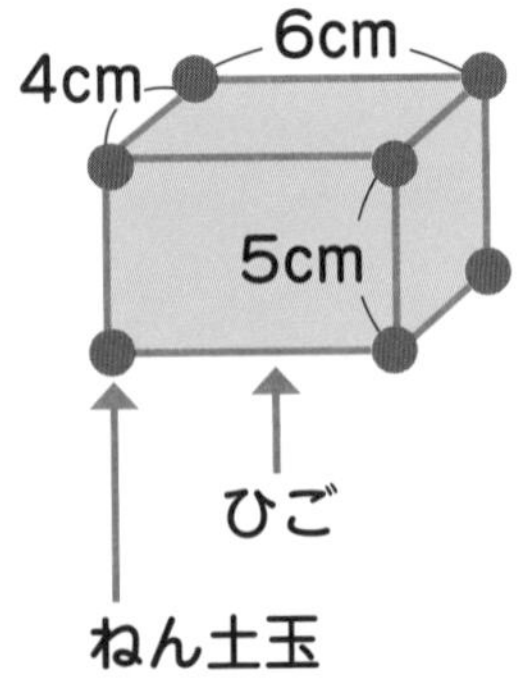

① ねん土玉は　何《なん》こ　つかいましたか。　□ こ

② 4cmの　ひごは　何本《なんぼん》　つかいましたか。　□ 本

③ 6cmの　ひごは　何本《なんぼん》　つかいましたか。　□ 本

④ 5cmの　ひごは　何本《なんぼん》　つかいましたか。　□ 本

③ はこに　なった　とき　★と　むかい合《あ》う　面《めん》は　どれでしょうか。㋐、㋑、㋒、㋓、㋔から　えらび、□に　記《き》ごうを　書《か》きましょう。

1つ12点《てん》(48点《てん》)

①

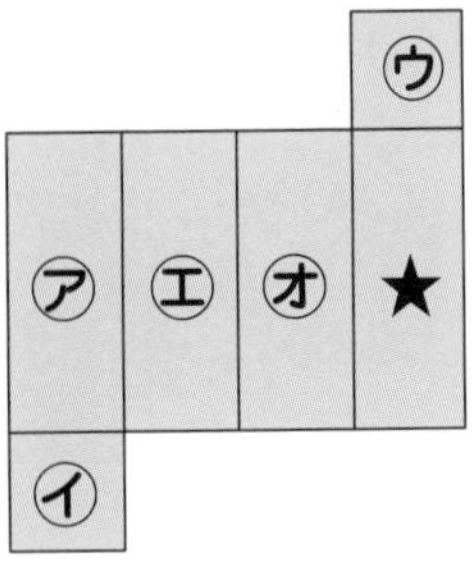

□

②

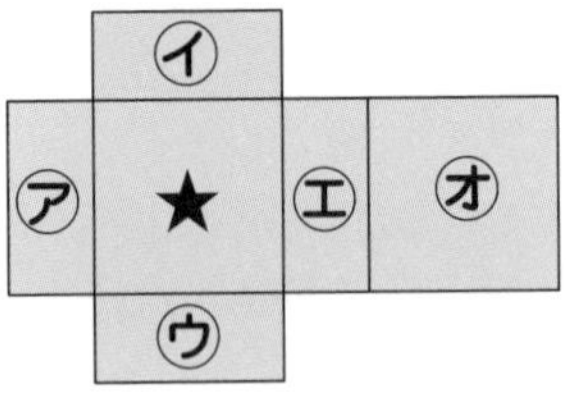

□

③

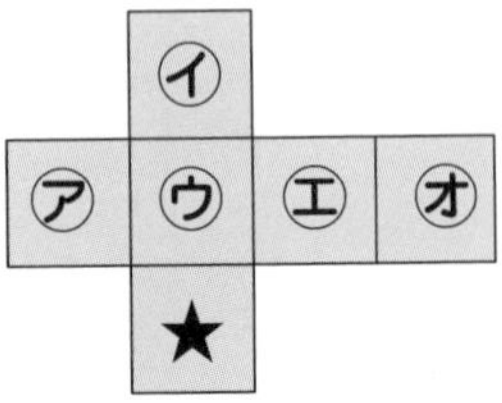

□

④

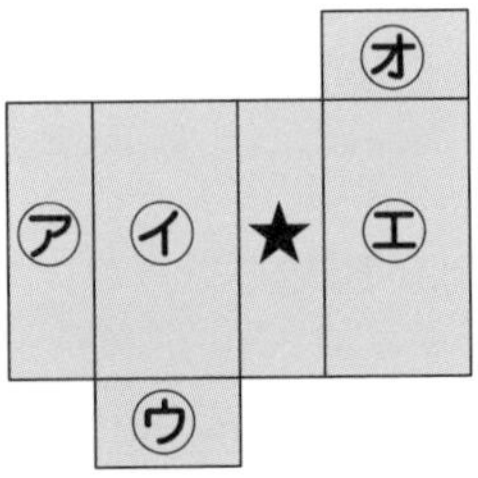

□

算数《さんすう》 16

まとめの　テスト③
たんいと　図形《ずけい》2

月　日

点《てん》

1 右の　図《ず》を　見て　答《こた》えましょう。

1つ5点《てん》(20点《てん》)

① 長方形《ちょうほうけい》の　㋐の　長《なが》さは　何《なん》cmですか。

□ cm

② 長方形《ちょうほうけい》の　㋑の　長《なが》さは　何《なん》cmですか。

□ cm

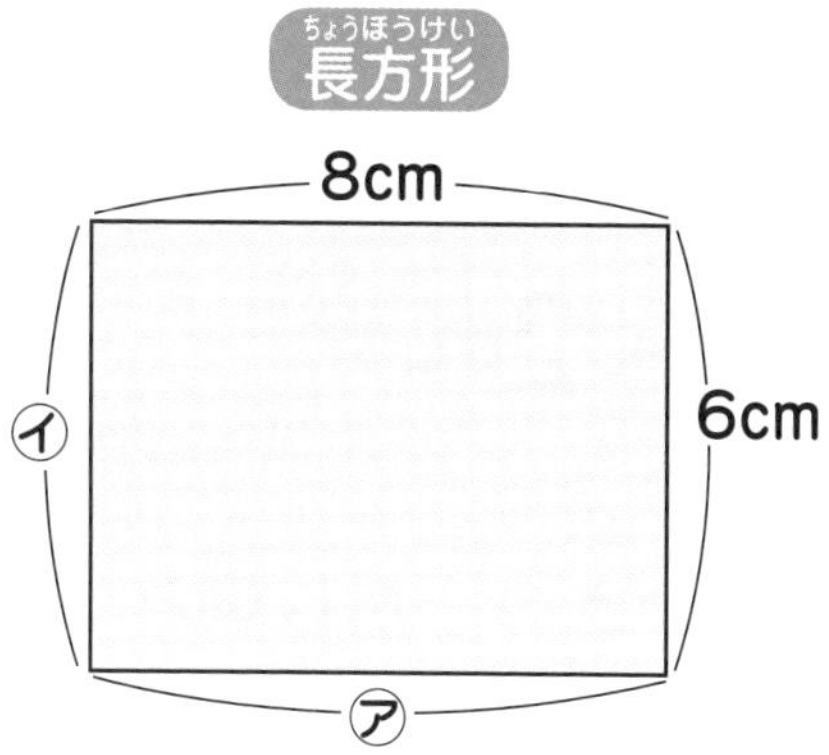

③ 正方形《せいほうけい》の　㋒の　長《なが》さは　何《なん》cmですか。

□ cm

④ 正方形《せいほうけい》の　まわりの　長《なが》さは　ぜんぶで　何《なん》cmですか。

□ cm

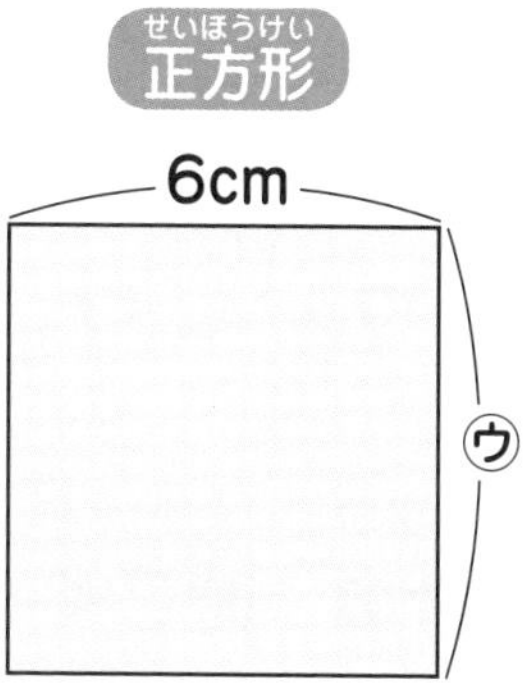

❸ □に　当《あ》てはまる　数字《すうじ》を　書《か》きましょう。　1つ4点《てん》(32点《てん》)

① 200mL＝□dL　② 5000mL＝□L

③ 30dL＝□L　④ 8dL＝□mL

⑤ 4L＝□mL　⑥ 9L＝□dL

⑦ 1L2dL＝□dL　⑧ 38dL＝□L□dL

❹ かさの　たし算《さん》と　ひき算《さん》を　しましょう。　1つ4点《てん》(12点《てん》)

① 600mL＋250mL＝□mL

② 8L2dL＋4dL＝□L□dL

③ 9L7dL－7L＝□L□dL

❺ 時計《とけい》の　時《じ》こくを　見《み》て、□に　当《あ》てはまる　数字《すうじ》を　書《か》きましょう。午前《ごぜん》か　午後《ごご》かも　答《こた》えましょう。　1つ4点《てん》(16点《てん》)

午前《ごぜん》

① 2時間前《じかんまえ》は　□時《じ》

② 2時間後《じかんご》は　□時《じ》

午前《ごぜん》

③ 45分前《ふんまえ》は　□時《じ》

④ 45分後《ふんご》は　□時《じ》□分《ぶん》

算数《さんすう》 15

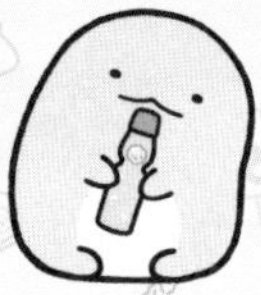

まとめの　テスト②　たんいと　図形《ずけい》1

月　　日

点《てん》

1 おかしの　しゅるいと　数《かず》を　数《かぞ》えて　グラフを　かんせい　させましょう。

1つ6点《てん》(12点《てん》)

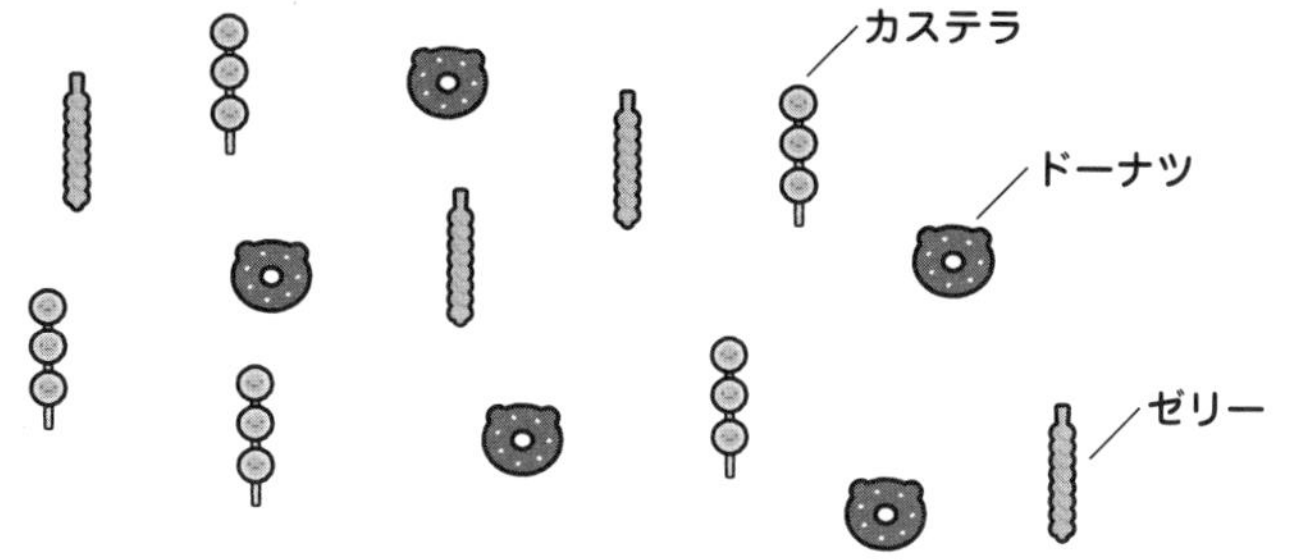

ひょう

おかしの しゅるい			
おかしの数《かず》			

おかしの　しゅるいと　数《かず》を　書《か》きましょう。

グラフ

おかしの　しゅるいを　書《か》いて、数《かず》の　分《ぶん》だけ　○を　書《か》きましょう。

2 □に　当《あ》てはまる　数字《すうじ》を　書《か》きましょう。

1つ4点《てん》(28点《てん》)

① 10mm ＝ □ cm

② 8cm ＝ □ mm

③ 5m ＝ □ cm

④ 200cm ＝ □ m

⑤ 7m50cm ＝ □ cm

⑥ 202mm ＝ □ cm □ mm

⑦ 114cm ＝ □ m □ cm

3 □に 当《あ》てはまる 数字《すうじ》を 書《か》きましょう。 1つ4点《てん》(24点《てん》)

① 2 × □ = 18　② 3 × □ = 15

③ 9 × □ = 81　④ □ × 5 = 40

⑤ □ × 7 = 28　⑥ □ × 6 = 18

4 かけ算《ざん》の しきと 答《こた》えを 書《か》きましょう。 1つ9点《てん》(18点《てん》)

① ぺんぎん？は 1日 8本 きゅうりを 食《た》べました。
7日間《かん》で 何《なん》本 食《た》べましたか。

しき □　答《こた》え □ 本

② しろくまは 1つ 10円の グミを 6つ 買《か》いました。
ぜんぶで いくらになりますか。

しき □　答《こた》え □ 円

5 テープの 長《なが》さを くらべて、□に 当《あ》てはまる 数字《すうじ》を 書《か》きましょう。 1つ5点《てん》(10点《てん》)

Ⓘの 長《なが》さは Ⓐの □ ばい。Ⓐの 長《なが》さは Ⓘの $\frac{\square}{\square}$ 。

まとめの　テスト①
計算《けいさん》

月　日

点《てん》

1 ひっ算《さん》を　しましょう。

1つ4点《てん》(16点《てん》)

① 28 + 15

② 178 + 35

③ 52 − 26

④ 166 − 98

2 かけ算《さん》を　しましょう。

1つ4点《てん》(32点《てん》)

① 2 × 8 = ☐

② 3 × 4 = ☐

③ 4 × 4 = ☐

④ 5 × 6 = ☐

⑤ 6 × 7 = ☐

⑥ 7 × 9 = ☐

⑦ 8 × 3 = ☐

⑧ 9 × 5 = ☐

4 左の　はこを　ひらきました。正しい　ほうの　図《ず》の
（　　　）に　○を　書《か》きましょう。

1つ10点《てん》(20点《てん》)

①
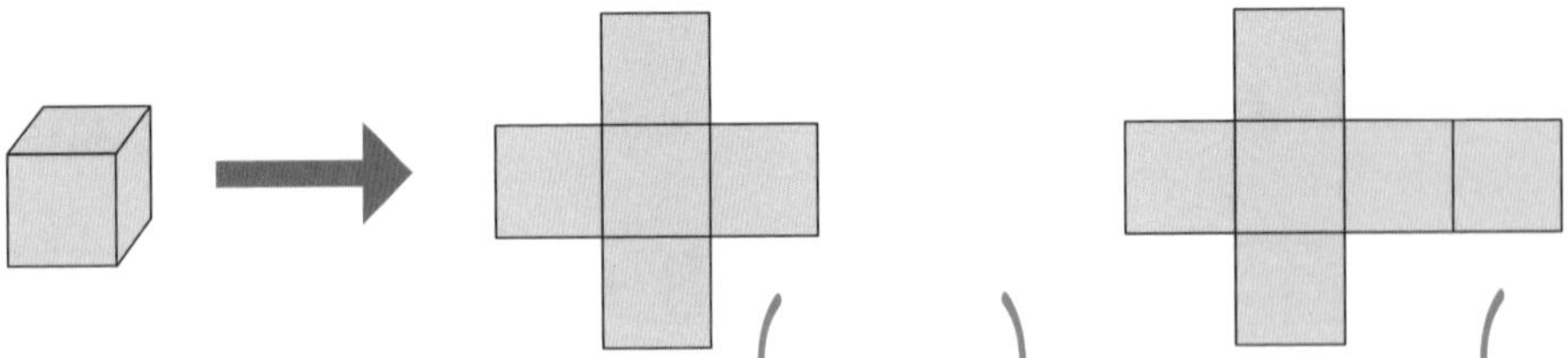
（　　　）　（　　　）

②
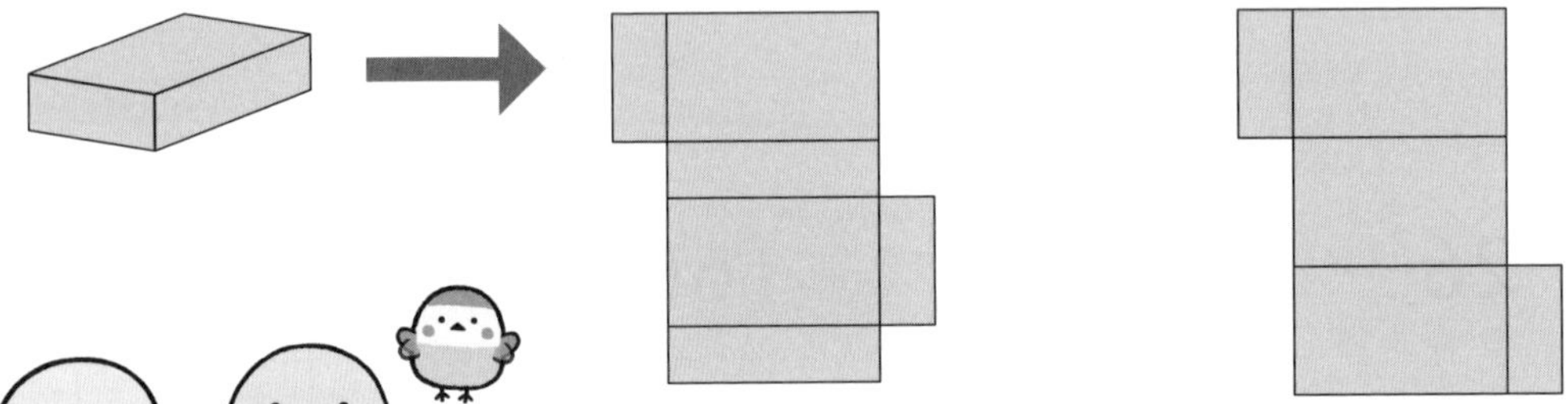

（　　　）　（　　　）

5 はこに　なった　とき　★と　むかい合《あ》う　面《めん》は
どれでしょうか。㋐、㋑、㋒、㋓、㋔から　えらび、
□に　記《き》ごうを　書《か》きましょう。

1つ12点《てん》(48点《てん》)

①
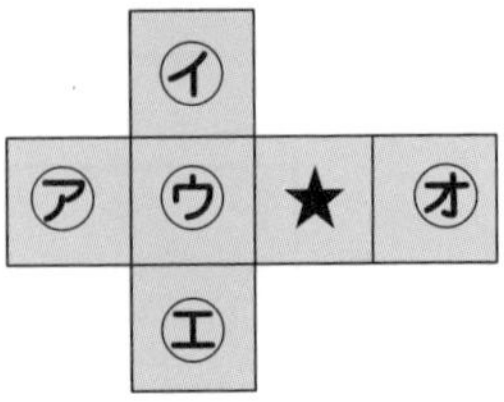

□

②
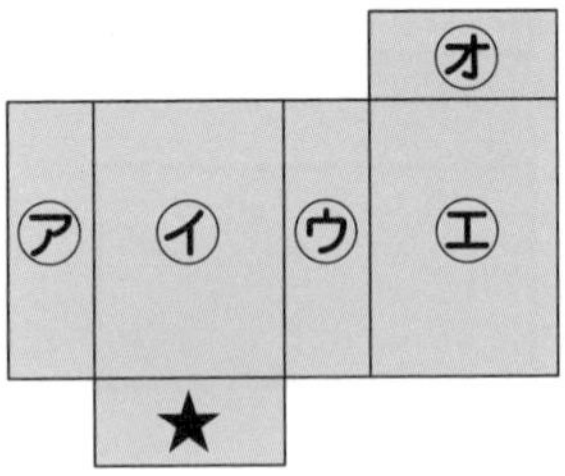

□

③
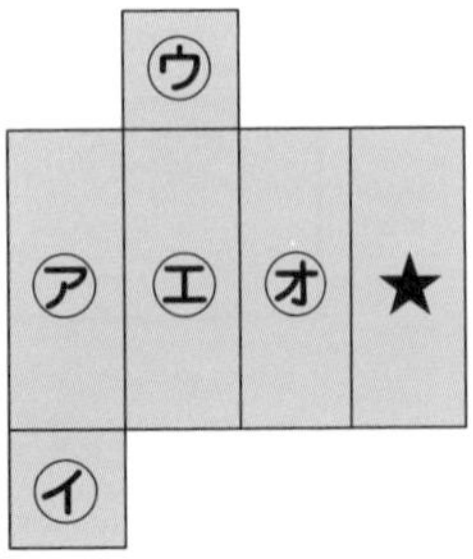

□

④
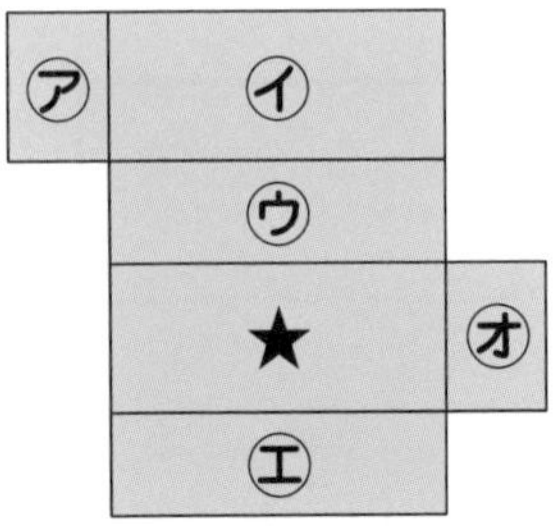

□

算数《さんすう》

13 形《かたち》 はこの 形《かたち》

月　日

点《てん》

1 はこの 形《かたち》には 面《めん》が いくつ ありますか。
□に 当《あ》てはまる 数字《すうじ》を 書《か》きましょう。　1つ5点《てん》(10点《てん》)

①
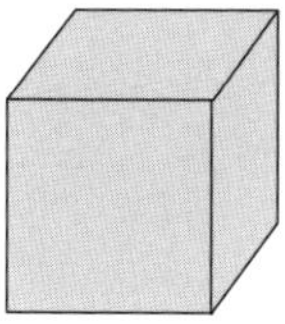
□つ

②
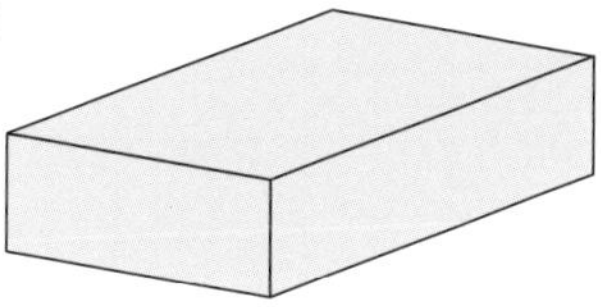
□つ

2 はこの へんと ちょう点《てん》は それぞれ いくつ ありますか。
□に 当《あ》てはまる 数字《すうじ》を 書《か》きましょう。　1つ5点《てん》(10点《てん》)

①
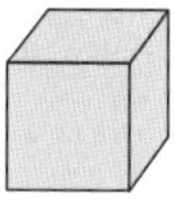
へんの 数《かず》は □、ちょう点《てん》の 数《かず》は □。

②
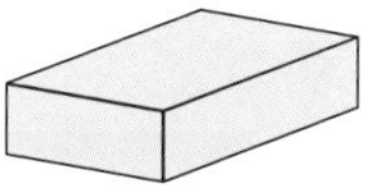
へんの 数《かず》は □、ちょう点《てん》の 数《かず》は □。

3 ひごと ねん土玉を つかって はこの 形《かたち》を 作《つく》りました。　1つ4点《てん》(12点《てん》)

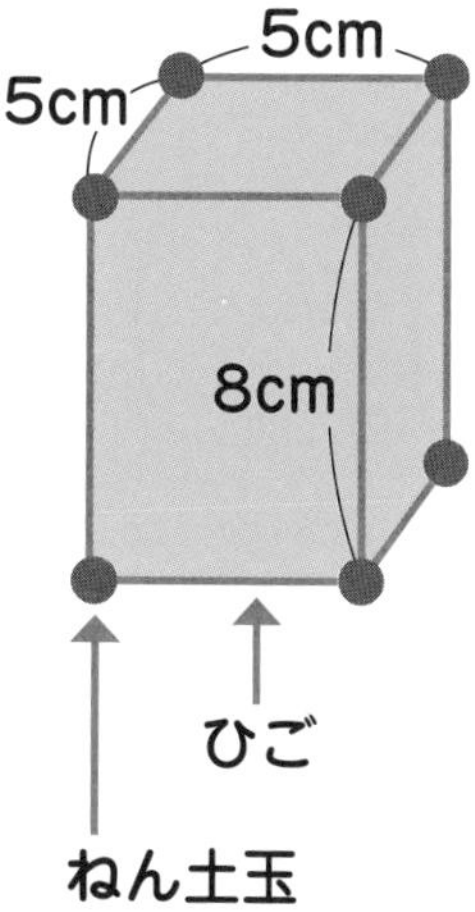

① ねん土玉は 何《なん》こ つかいましたか。 □こ

② 8cmの ひごは 何本《なんぼん》 つかいましたか。 □本

③ 5cmの ひごは 何本《なんぼん》 つかいましたか。 □本

3 ものさしを　つかって　直角三角形《ちょっかくさんかくけい》を かきましょう。

1つ15点《てん》(30点《てん》)

① 5cmと　4cmの　へんが 直角《ちょっかく》を　つくる　直角三角形《ちょっかくさんかくけい》

② 3cmと　6cmの　へんが 直角《ちょっかく》を　つくる　直角三角形《ちょっかくさんかくけい》

4 下の　もようの　中に　直角三角形《ちょっかくさんかくけい》は　何《なん》こ　ありますか。 □に　数字《すうじ》を　書《か》きましょう。

1つ15点《てん》(30点《てん》)

①

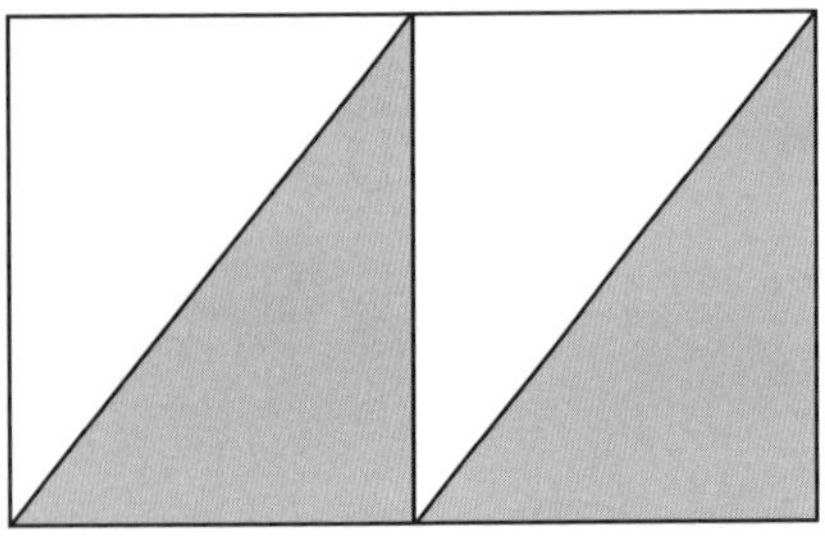

□ こ

②

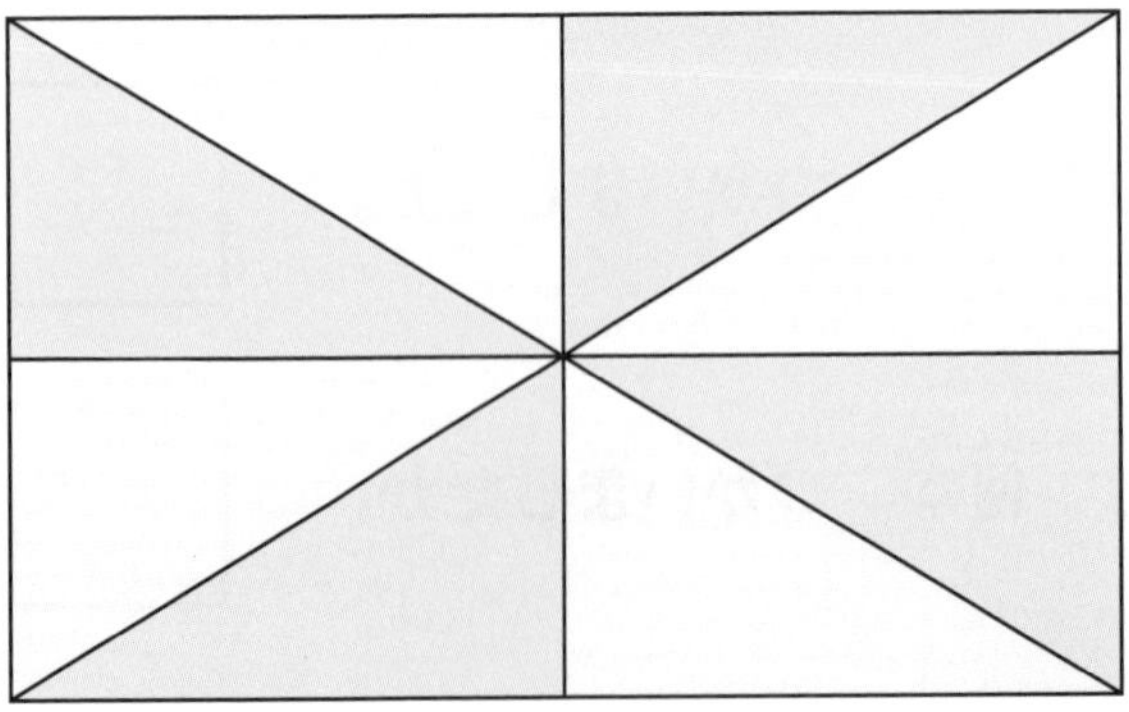

□ こ

算数《さんすう》 12

形《かたち》
直角三角形《ちょっかくさんかくけい》

月　日

点《てん》

1 直角三角形《ちょっかくさんかくけい》は　どれと　どれですか。三角《さんかく》じょうぎで　しらべて　□に　記《き》ごうを　書《か》きましょう。

1つ5点《てん》(10点《てん》)

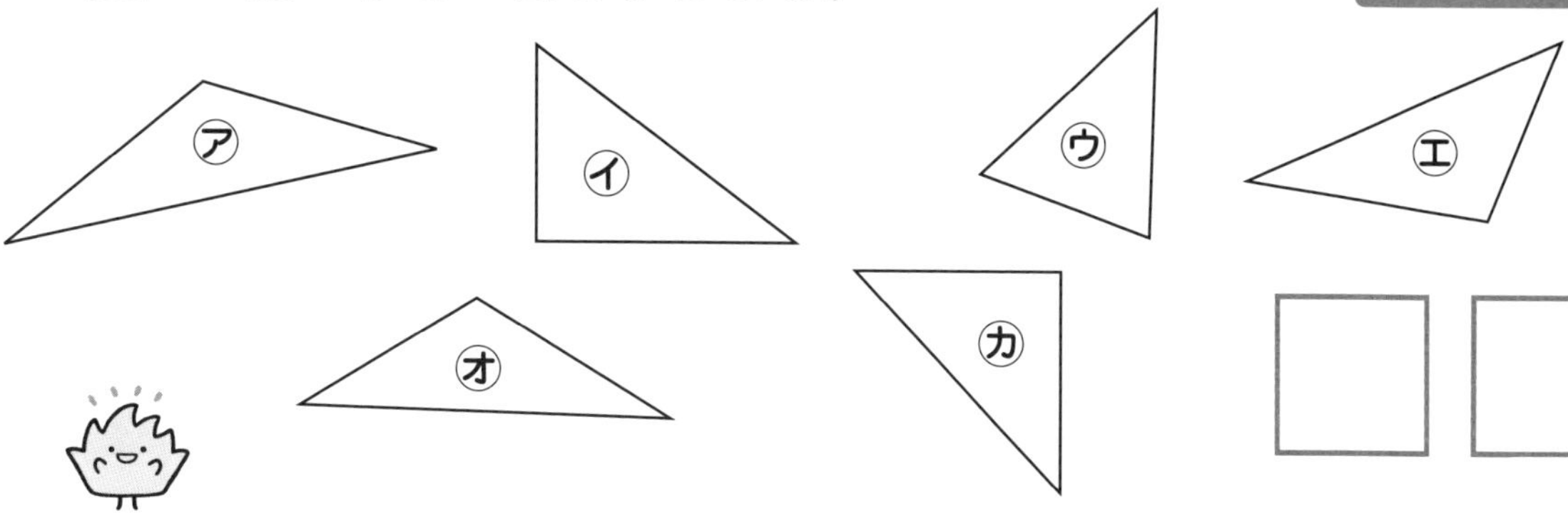

□　□

2 ものさしを　つかって　形《かたち》の　ちがう　直角三角形《ちょっかくさんかくけい》を　2つ　かきましょう。

1つ15点《てん》(30点《てん》)

5 直角《ちょっかく》の　ある　三角形《さんかくけい》と　四角形《しかくけい》を　三角《さんかく》じょうぎを　つかって　かきましょう。

1つ10点《てん》(20点《てん》)

①

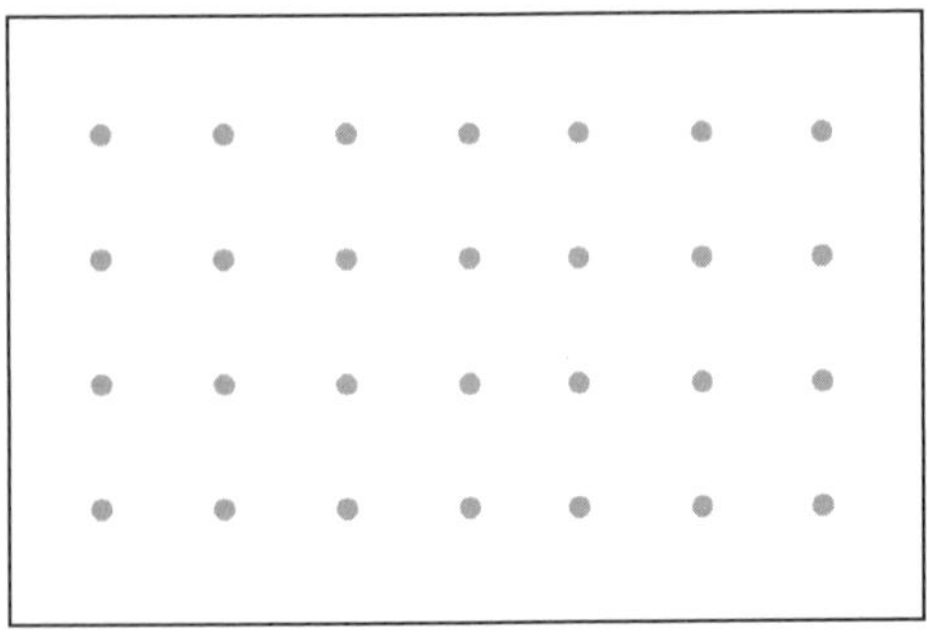

②

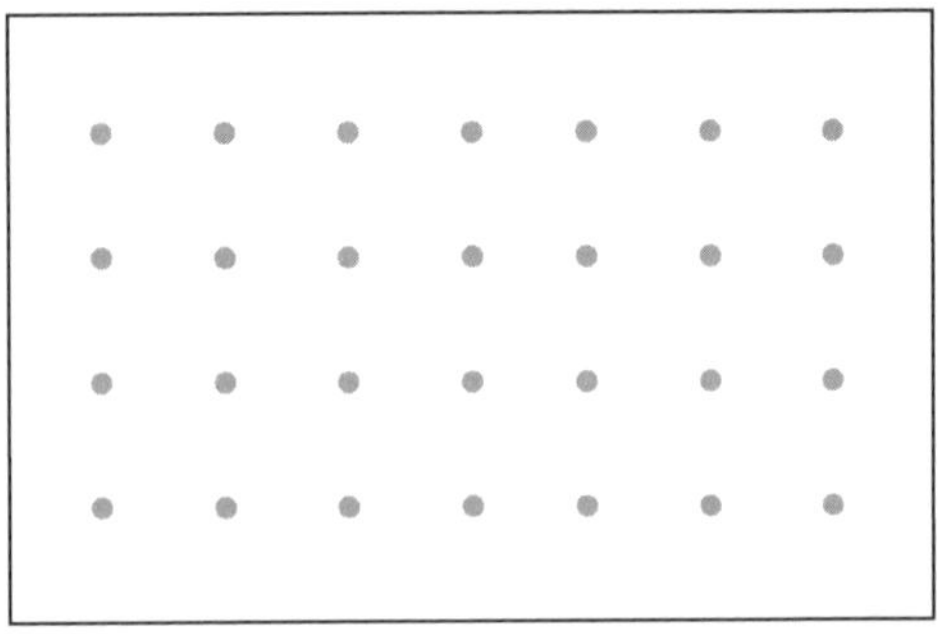

6 右の　図《ず》を　見て　答《こた》えましょう。

1つ5点《てん》(20点《てん》)

① 長方形《ちょうほうけい》の　㋐の　長《なが》さは　何《なん》cmですか。

□ cm

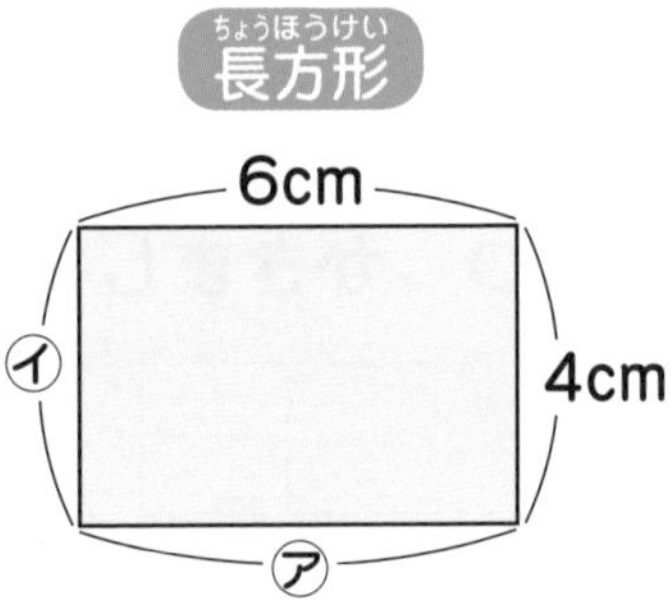

② 長方形《ちょうほうけい》の　㋑の　長《なが》さは　何《なん》cmですか。

□ cm

③ 正方形《せいほうけい》の　㋒の　長《なが》さは　何《なん》cmですか。

□ cm

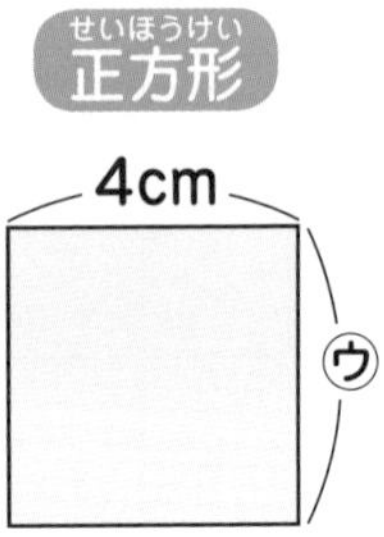

④ 正方形《せいほうけい》の　まわりの　長《なが》さは　ぜんぶで　何《なん》cmですか。

□ cm

形《かたち》
三角形《さんかくけい》と　四角形《しかくけい》

月　　日

点《てん》

1 三角形《さんかくけい》は　どれですか。２つ　見つけて　□に　記《き》ごうを　書《か》きましょう。

1つ5点《てん》(10点《てん》)

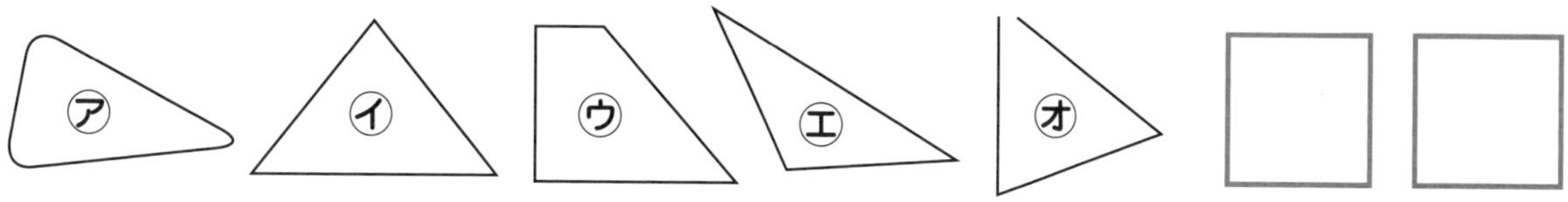

2 四角形《しかくけい》は　どれですか。２つ　見つけて　□に　記《き》ごうを　書《か》きましょう。

1つ5点《てん》(10点《てん》)

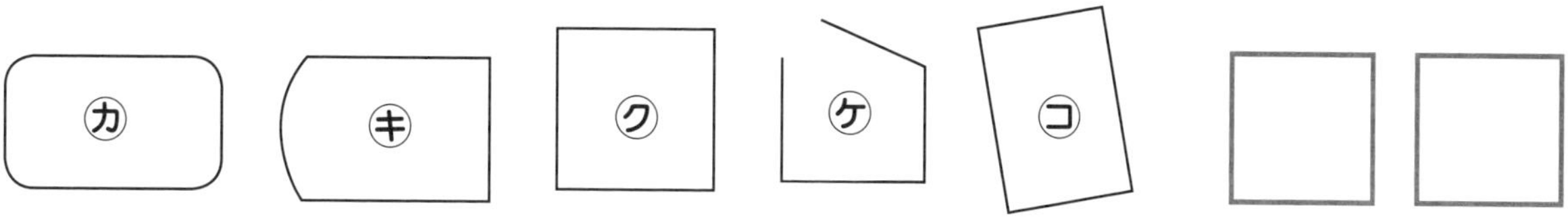

3 ２つの　へんを　かきたして　三角形《さんかくけい》を　かきましょう。

1つ10点《てん》(20点《てん》)

①

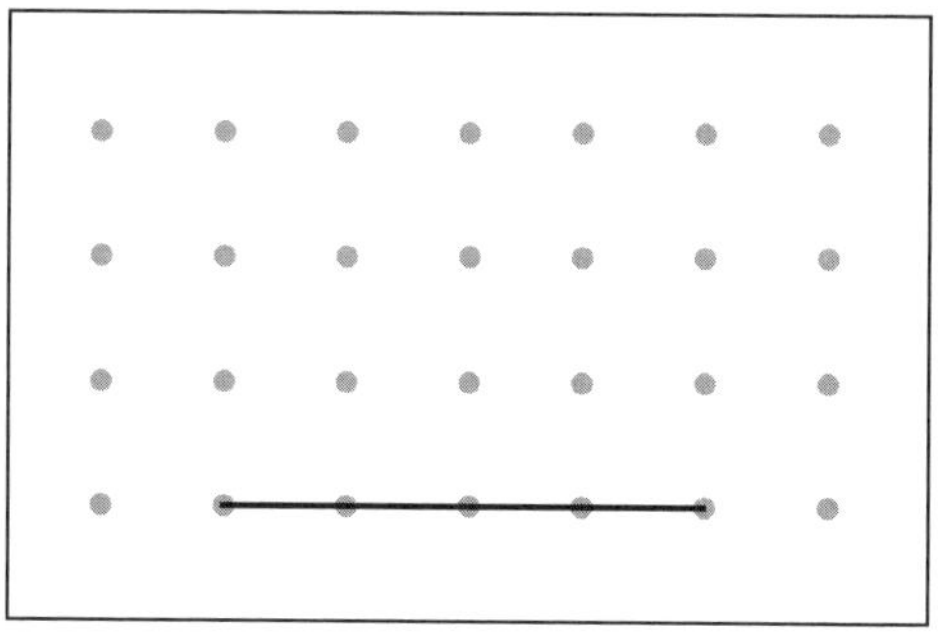

②

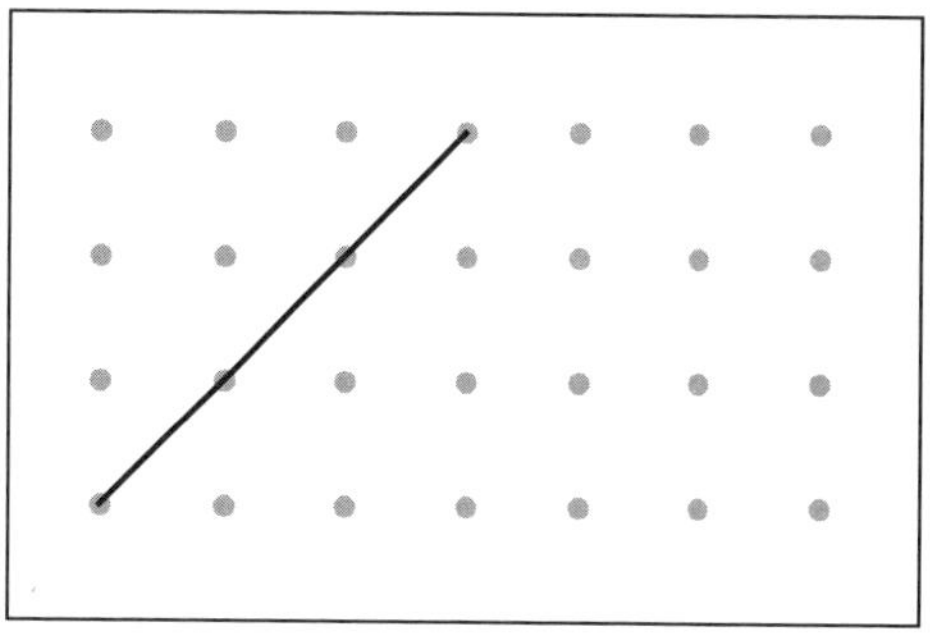

4 ３つの　へんを　かきたして　四角形《しかくけい》を　かきましょう。

1つ10点《てん》(20点《てん》)

①

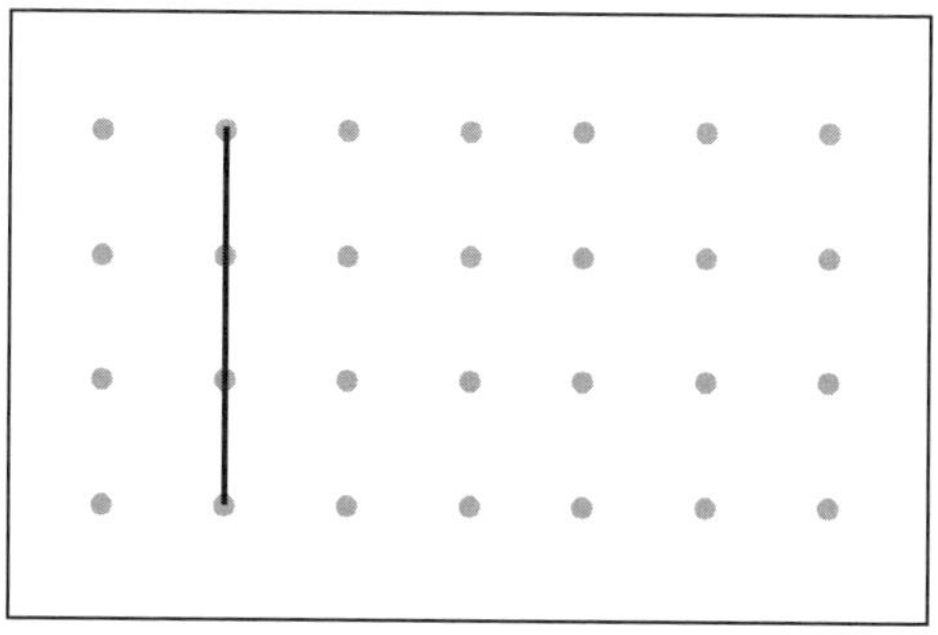

②

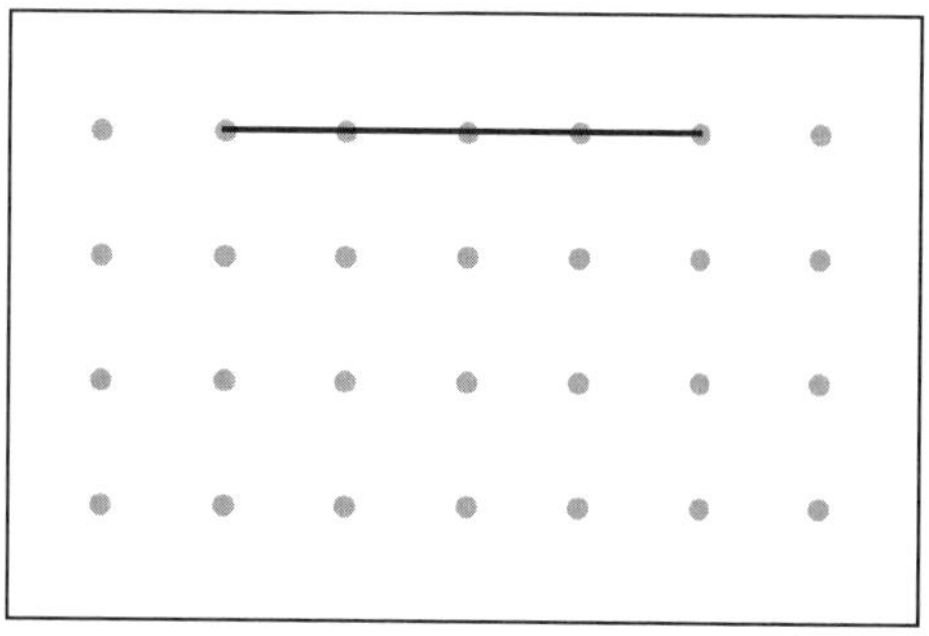

4 左の 時《じ》こくから 右の 時《じ》こくまでの 時間《じかん》は 何分間《なんぷんかん》ですか。

1つ5点《てん》(10点《てん》)

①

午前《ごぜん》

→

午前《ごぜん》

□ 分間《ぷんかん》

②

午前《ごぜん》

→

午後《ごご》

□ 分間《ぷんかん》

5 時計《とけい》の 時《じ》こくを 見《み》て、□に 当《あ》てはまる 数字《すうじ》を 書《か》きましょう。午前《ごぜん》か 午後《ごご》かも 答《こた》えましょう。

1つ5点《てん》(40点《てん》)

午前《ごぜん》

① 1時間前《じかんまえ》は □ 時《じ》

② 1時間後《じかんご》は □ 時《じ》

午後《ごご》

③ 3時間前《じかんまえ》は □ 時《じ》

④ 3時間後《じかんご》は □ 時《じ》

午前《ごぜん》

⑤ 25分前《ふんまえ》は □ 時《じ》

⑥ 25分後《ふんご》は □ 時《じ》 □ 分《ぷん》

午後《ごご》

⑦ 50分前《ぷんまえ》は □ 時《じ》 □ 分《ぷん》

⑧ 50分後《ぷんご》は □ 時《じ》 □ 分《ぷん》

算数《さんすう》

10 時計《とけい》 時《じ》こくと 時間《じかん》

月　日

点《てん》

1 □に 当《あ》てはまる 数字《すうじ》を 書《か》きましょう。

1つ5点《てん》(30点《てん》)

① 1時間《じかん》 = □ 分《ぶん》

② 1時間半《じかんはん》 = □ 分《ぶん》

③ 1時間《じかん》40分《ぶん》 = □ 分《ぶん》

★1時間半《じかんはん》は、1時間《じかん》30分《ぶん》と同《おな》じです。

④ 2時間《じかん》 = □ 分《ぶん》

⑤ 90分《ぶん》= □ 時間《じかん》 □ 分《ぶん》

⑥ 130分《ぶん》= □ 時間《じかん》 □ 分《ぶん》

2 時計《とけい》の 時《じ》こくは 何時何分《なんじなんぷん》ですか。午前《ごぜん》か 午後《ごご》かも 答《こた》えましょう。

1つ5点《てん》(10点《てん》)

① 朝《あさ》

□ 時《じ》 □ 分《ぶん》

② 夜《よる》

□ 時《じ》 □ 分《ぶん》

3 ねこは きのうの 夜《よる》の 10時《じ》に ねて、今日《きょう》の 朝《あさ》の 7時《じ》に おきました。ねこは 何時間《なんじかん》 ねていましたか。

10点《てん》

□ 時間《じかん》

3 かさの　たし算《ざん》と　ひき算《ざん》を　しましょう。　1つ4点《てん》(32点《てん》)

① 5L＋3L＝□L　② 4dL＋3dL＝□dL

③ 200mL＋600mL＝□mL

④ 9L−4L＝□L　⑤ 10dL−2dL＝□dL

⑥ 800mL−150mL＝□mL

⑦ 3L4dL＋5dL＝□L□dL

⑧ 8L2dL＋6L＝□L□dL

4 □に　しきと　答《こた》えを　書《か》きましょう。　1つ10点《てん》(20点《てん》)

① しろくまの　水とうには　お茶《ちゃ》が　1L2dL　入って　います。とかげが　お茶《ちゃ》を　6dL　くれました。お茶《ちゃ》は　合《あ》わせて　何《なん》L何《なん》dLに　なりますか。

しき □　　答《こた》え □L□dL

② ジュースが　1L6dL　あります。ねこが　4dL　のみました。のこりは　何《なん》L何《なん》dLですか。

しき □　　答《こた》え □L□dL

かさ
かさの　たんいと　計算《けいさん》

月　日

点《てん》

1 つぎの　水の　かさを　たんいに　合《あ》わせて
□に　書《か》きましょう。

1つ4点《てん》(16点《てん》)

① 

□ dL

② 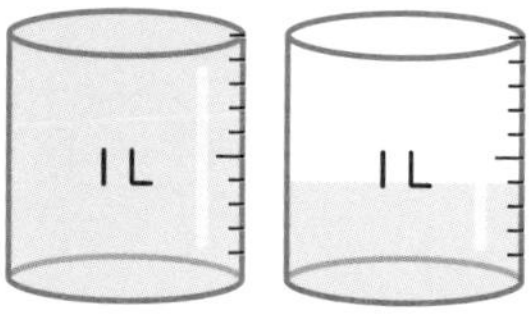

□ mL

③ 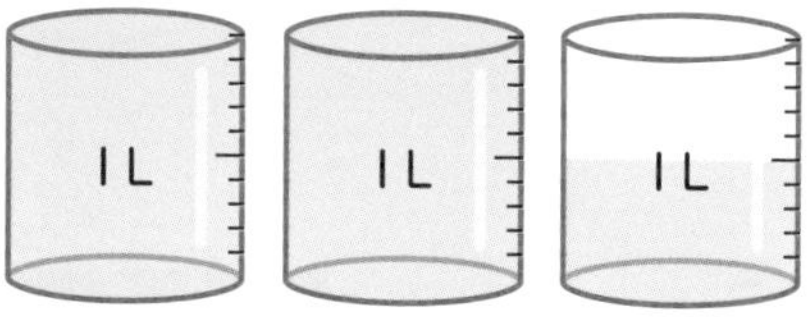

□ L □ dL

④ 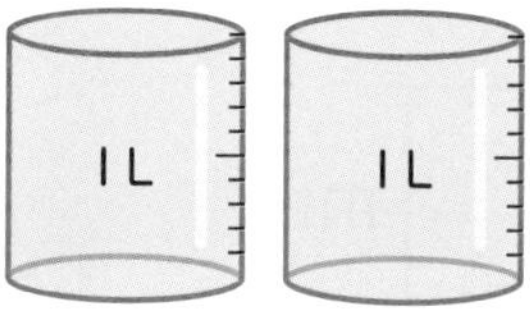

□ mL

2 □に　当《あ》てはまる　数字《すうじ》を　書《か》きましょう。

1つ4点《てん》(32点《てん》)

① 500mL＝□dL

② 4000mL＝□L

③ 80dL＝□L

④ 2dL＝□mL

⑤ 7L＝□mL

⑥ 5L＝□dL

⑦ 1L3dL＝□dL

⑧ 85dL＝□L□dL

4 長《なが》さの　たし算《ざん》　と　ひき算《ざん》を　しましょう。

1つ6点《てん》(24点《てん》)

① 2cm3mm ＋ 5mm ＝ □ cm □ mm

② 5m60cm ＋ 30cm ＝ □ m □ cm

③ 8cm7mm － 4cm ＝ □ cm □ mm

④ 8m60cm － 5m ＝ □ m □ cm

5 □に　当《あ》てはまる　数字《すうじ》を　書《か》きましょう。

1つ6点《てん》(48点《てん》)

① 30mm ＝ □ cm

② 5cm ＝ □ mm

③ 1m ＝ □ cm

④ 400cm ＝ □ m

⑤ 80cm10mm ＝ □ mm

⑥ 605mm ＝ □ cm □ mm

⑦ 9m20cm ＝ □ cm

⑧ 707cm ＝ □ m □ cm

算数《さんすう》

8

長《なが》さ

長《なが》さの　たんいと　計算《けいさん》

月　　日

点《てん》

1 ものさしで　えんぴつの　長《なが》さを　はかって　みましょう。
えんぴつの　長《なが》さは　何《なん》cmですか。

3点《てん》

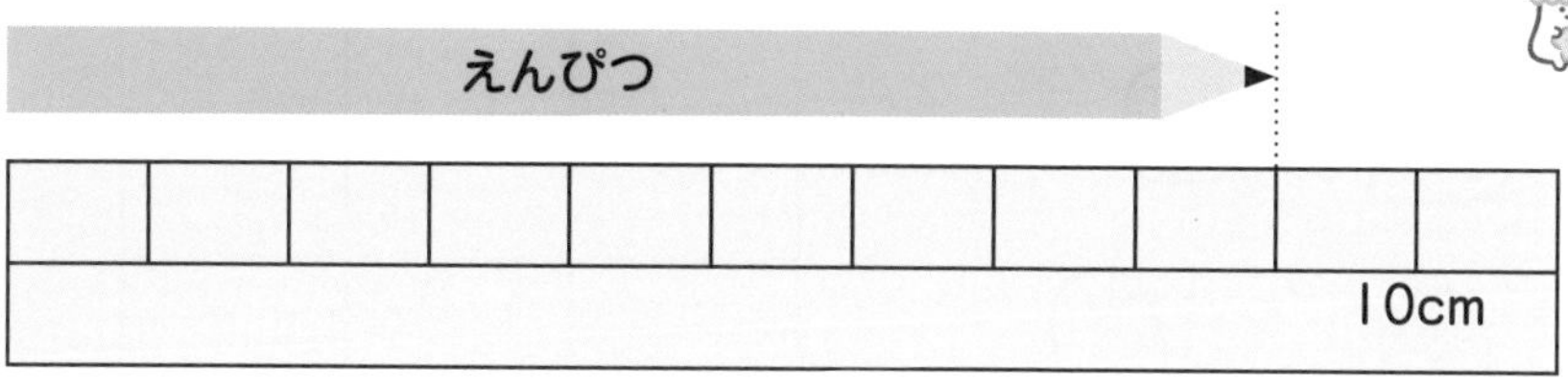

答《こた》え　□ cm

2 ものさしの　左はしから　↓までの　長《なが》さは　何《なん》cm何《なん》mmですか。

1つ5点《てん》(15点《てん》)

①

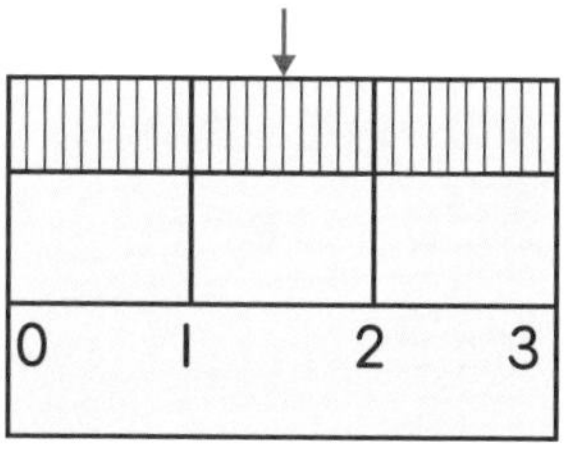

□ cm □ mm

②

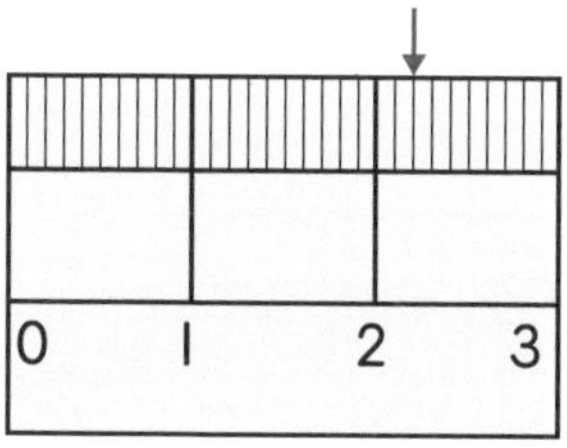

□ cm □ mm

③

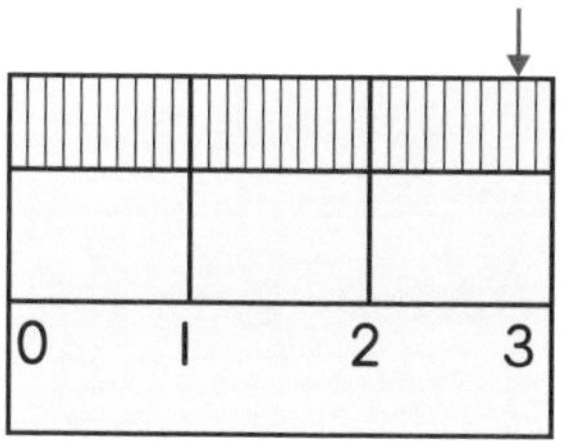

□ cm □ mm

3 1mの　ものさしを　ならべて　います。
左はしから　↓までの　長《なが》さは　何《なん》m何《なん》cmですか。

1つ5点《てん》(10点《てん》)

①

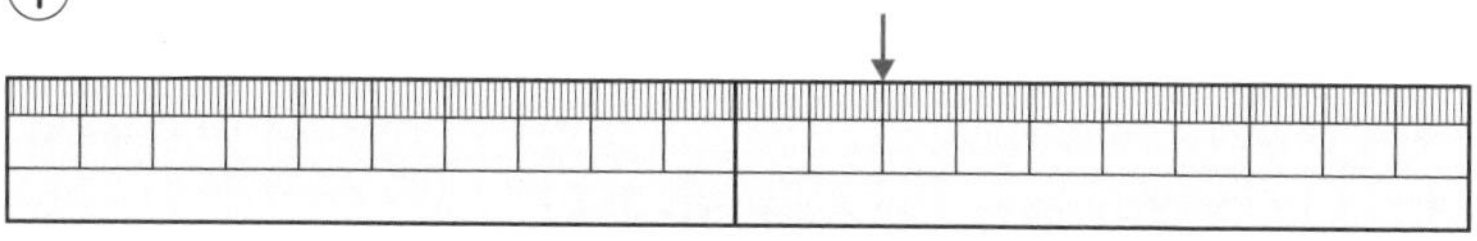

□ m □ cm

②

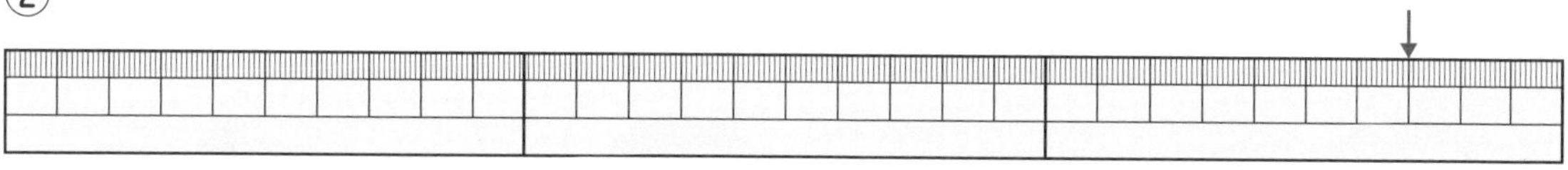

□ m □ cm

3 たぴおかの　色《いろ》や　数《かず》を　しらべて、ひょうと　グラフを　かんせい　させましょう。　1つ20点《てん》(40点《てん》)

ひょう

たぴおかの色《いろ》			
たぴおかの数《かず》			

たぴおかの　色《いろ》と　数《かず》を　書《か》きましょう。

グラフ

たぴおかの　色《いろ》を　書《か》いて、数《かず》の　分《ぶん》だけ　○を　書《か》きましょう。

4 上の　ひょうと　グラフを　見て、答《こた》えましょう。　1つ10点《てん》(30点《てん》)

① いちばん　多《おお》い　たぴおかの　色《いろ》は　何色《なにいろ》ですか。

② いちばん　少《すく》ない　たぴおかの　色《いろ》は　何色《なにいろ》ですか。

③ ピンクの　たぴおかは、ブルー（水色《みずいろ》）の　たぴおかより　いくつ　多《おお》いですか。　□つ

算数《さんすう》 7

ひょうと グラフ
数《かず》を 分《わ》かりやすく あらわす

月 日

点《てん》

1 おべんとうの おかずの 数《かず》を 数《かぞ》えて グラフを かんせい させましょう。 15点《てん》

グラフ

たまごやき	ウインナーたこ	トマト	ブロッコリー

おかずの 数《かず》の 分《ぶん》だけ ○を 書《か》きましょう。

2 下の グラフを 見て、くだものの 数《かず》を ひょうに 書《か》きましょう。 15点《てん》

グラフ

○			
○		○	
○		○	
○	○	○	
○	○	○	○
○	○	○	○
イチゴ	バナナ	オレンジ	レモン

ひょう

くだものの しゅるい	イチゴ	バナナ	オレンジ	レモン
くだものの 数《かず》				

② 色《いろ》を　ぬった　ところの　大きさは、もとの　大きさの　何分《なんぶん》の一《いち》ですか。

1つ10点《てん》(30点《てん》)

①

②

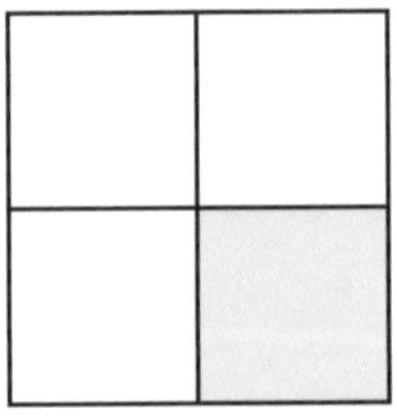

③

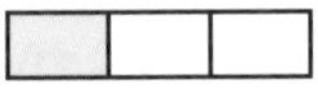

③ テープの　長《なが》さを　くらべて、□に　当《あ》てはまる　数字《すうじ》を　書《か》きましょう。

1つ10点《てん》(30点《てん》)

①

いの　長《なが》さは　あの　□　ばい。あの　長《なが》さは　いの　□。

② 6cmの　テープを　同《おな》じ　長《なが》さで　2つに　分《わ》けます。分《わ》けた　1つ分《ぶん》の　テープの　長《なが》さは、もとの　長《なが》さの　何分《なんぶん》の一《いち》ですか。

もとの　長《なが》さ

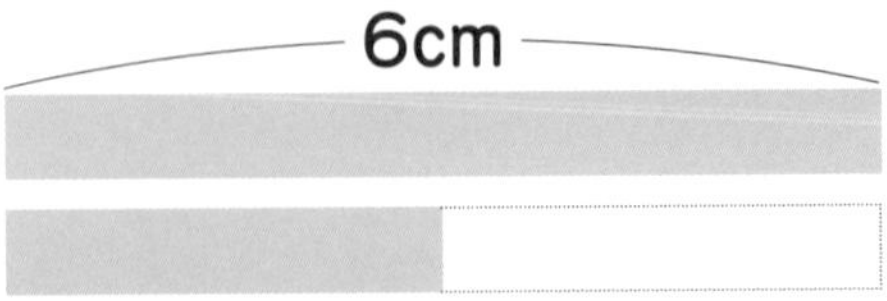

答《こた》え　□

③ 6cmの　テープを　同《おな》じ　長《なが》さで　2つに　分《わ》けた　1つ分《ぶん》の　テープの　長《なが》さは、何《なん》cmですか。

答《こた》え　□　cm

計算《けいさん》
かんたんな　分数《ぶんすう》

月　　日

点《てん》

1 すみっコたちは　ピザを　食《た》べました。食《た》べた　分《ぶん》に　色《いろ》を　ぬり、しつもんに　答《こた》えましょう。　1つ10点《てん》(40点《てん》)

① ねこは　$\frac{1}{2}$ まい　食《た》べました。

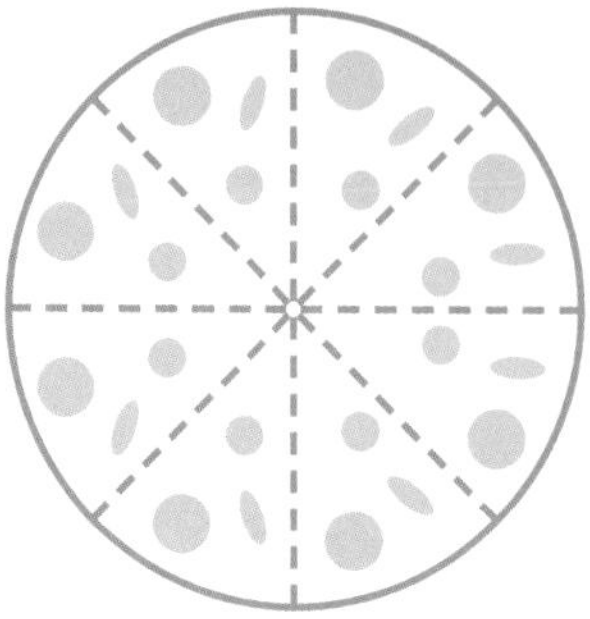

② ぺんぎん？は　$\frac{1}{4}$ まい　食《た》べました。

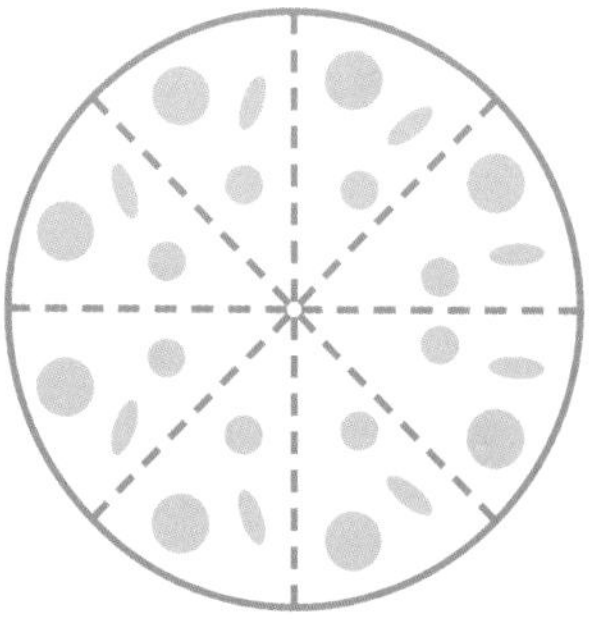

③ とかげは　$\frac{1}{8}$ まい　食《た》べました。

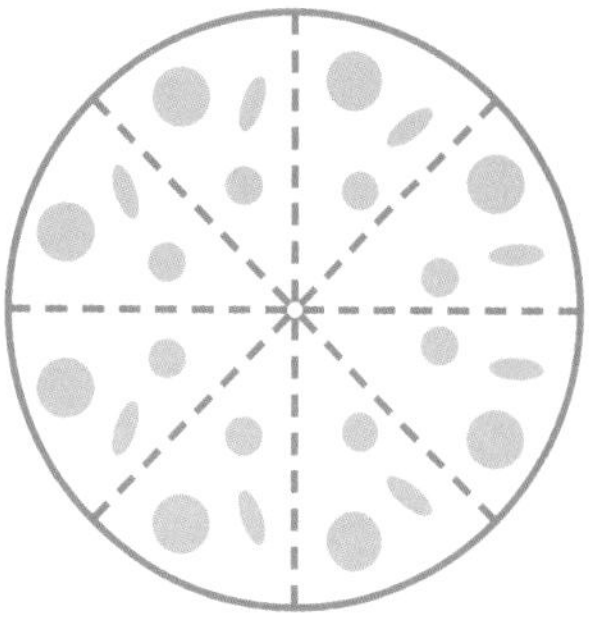

④ いちばん　多《おお》く　食《た》べたのは　だれですか。

③ おり紙《がみ》を　9まいずつ　6人に　くばります。
おり紙《がみ》は　ぜんぶで　何《なん》まい　いりますか。

しき □ × □ ＝ □　　答《こた》え □ まい

④ ねこは　1つ　10円の　あめ玉を　7つ　買《か》いました。
ぜんぶで　いくらになりますか。

しき □ × □ ＝ □　　答《こた》え □ 円

⑤ リンゴが　7つ　あります。ミカンは　リンゴの　7ばいの
数《かず》が　あります。ミカンは　何《なん》こ　ありますか。

しき □ × □ ＝ □　　答《こた》え □ こ

⑥ しろくまと　ねこと　とかげに　魚《さかな》を　3びきずつと、貝がらを
5こずつ　くばりました。魚《さかな》と　貝がらは　それぞれ　いくつ
いりますか。

しき □ × □ ＝ □　　答《こた》え □ ひき

しき □ × □ ＝ □　　答《こた》え □ こ

算数《さんすう》

5

計算《けいさん》

かけ算《さん》の　文しょうもんだい

月　日
点《てん》

1 数《かず》の　まとまりを　見て、□に　かけ算《ざん》の　しきと　答《こた》えを　書《か》きましょう。　10点《てん》

が　6つずつ　入った　はこが　4つ　あります。は　ぜんぶで　何《なん》こ　ありますか。

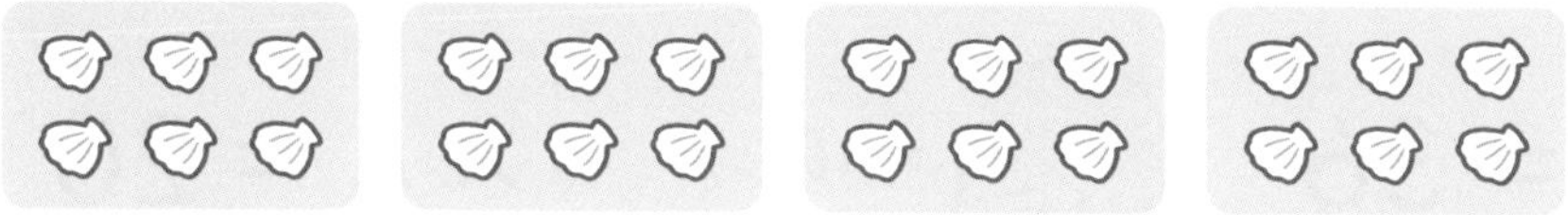

しき □ × □ ＝ □　　答《こた》え □ こ

2 □に　しきと　答《こた》えを　書《か》きましょう。　1つ15点《てん》(90点《てん》)

① ぺんぎん？は　2本入りの　きゅうりを　4 ふくろ　買《か》いました。
ぜんぶで　きゅうりを　何《なん》本　買《か》いましたか。

しき □ × □ ＝ □　　答《こた》え □ 本

② しろくまは　1日　5ページ　本を　読《よ》みます。7日間《かん》では　何《なん》ページに　なりますか。

しき □ × □ ＝ □　　答《こた》え □ ページ

② □に 当《あ》てはまる 数字《すうじ》を 書《か》きましょう。

1つ3点《てん》(30点《てん》)

① 2 × □ = 16

② 3 × □ = 27

③ 4 × □ = 36

④ 5 × □ = 40

⑤ □ × 6 = 36

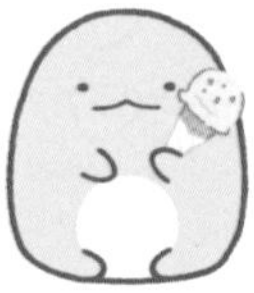

⑥ □ × 4 = 20

⑦ □ × 8 = 64

⑧ □ × 7 = 63

⑨ □ × 8 = 48

⑩ □ × 9 = 81

③ 答《こた》えが 同《おな》じになる 式《しき》の ★と ★を 線《せん》で むすびましょう。

22点《てん》

9 × 4 ★	★ 3 × 6
2 × 9 ★	★ 6 × 2
4 × 3 ★	★ 6 × 6

計算《けいさん》 かけ算《ざん》

月　日

点《てん》

1 かけ算《ざん》を　しましょう。

1つ3点《てん》(48点《てん》)

① $2 \times 4 =$

② $2 \times 9 =$

③ $3 \times 4 =$

④ $3 \times 8 =$

⑤ $4 \times 4 =$

⑥ $4 \times 7 =$

⑦ $5 \times 2 =$

⑧ $5 \times 5 =$

⑨ $6 \times 4 =$

⑩ $6 \times 9 =$

⑪ $7 \times 2 =$

⑫ $7 \times 7 =$

⑬ $8 \times 4 =$

⑭ $8 \times 9 =$

⑮ $9 \times 3 =$

⑯ $9 \times 5 =$

② つぎの　ひき算《ざん》を　ひっ算《さん》で　しましょう。

1つ6点《てん》(24点《てん》)

① 84 − 35

② 171 − 62

③ 125 − 86

④ 108 − 89

③ ひっ算《さん》で　計算《けいさん》をしましょう。

1つ14点《てん》(28点《てん》)

① ねこは　おり紙《がみ》を　45 まい　もって　いました。この　うち22まい
つかいました。のこりは　何《なん》まいですか。

答《こた》え　　まい

② しろくまは、ぜんぶで　120ページの　本を　68ページまで
読《よ》みました。のこりは　何《なん》ページですか。

答《こた》え　　ページ

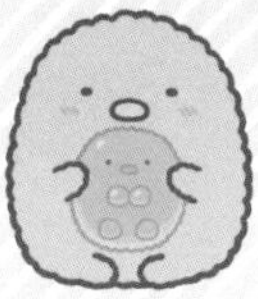

計算《けいさん》
ひき算《ざん》の ひっ算《さん》

月 日

点《てん》

1 つぎの ひき算《ざん》を ひっ算《さん》で しましょう。 1つ6点《てん》(48点《てん》)

① 17－12

② 29－17

③ 67－34

④ 65－23

⑤ 58－42

⑥ 98－34

⑦ 129－16

⑧ 183－52

❷ つぎの　たし算《さん》を　ひっ算《さん》で　しましょう。

1つ6点《てん》(24点《てん》)

① 58＋67

② 28＋73

③ 64＋41

④ 158＋58

❸ ひっ算《さん》で　計算《けいさん》をしましょう。

1つ14点《てん》(28点《てん》)

① 1組《くみ》には　35人います。2組《くみ》には　32人います。1組《くみ》と　2組《くみ》を
合《あ》わせると　何人《なん》に　なりますか。

答《こた》え　　　　人

② しろくまは、65 円の　ラムネと　48 円の　グミを　買《か》いました。
合《あ》わせて　いくらに　なりますか。

答《こた》え　　　　円

算数《さんすう》 2

計算《けいさん》

たし算《ざん》の ひっ算《さん》

月 日

点《てん》

1 つぎの たし算《ざん》を ひっ算《さん》で しましょう。

1つ6点《てん》(48点《てん》)

① 16 + 11

② 22 + 37

③ 35 + 64

④ 46 + 21

⑤ 43 + 52

⑥ 61 + 28

⑦ 132 + 66

⑧ 115 + 82

3 つぎの 数《かず》を 数字《すうじ》で 書《か》きましょう。

1つ5点《てん》(15点《てん》)

① 九百二十 ② 千百四 ③ 八千五百六十六

4 □に 当《あ》てはまる 数字《すうじ》を 書《か》きまし

1つ10点《てん》(20点《てん》)

① 600 ― 700 ― □ ― 900 ― □

② 1000 ― □ ― 3000 ― 4000 ― □

5 数《かず》の 線《せん》の ↓に 当《あ》てはまる 数字《すうじ》を、それぞれの □に 書《か》きましょう。

1つ10点《てん》(20点《てん》)

①

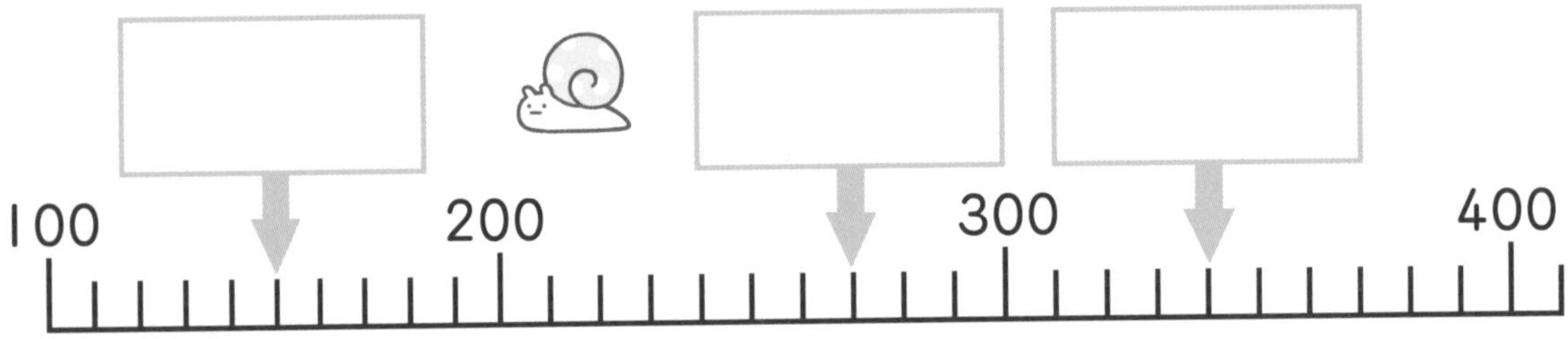

②

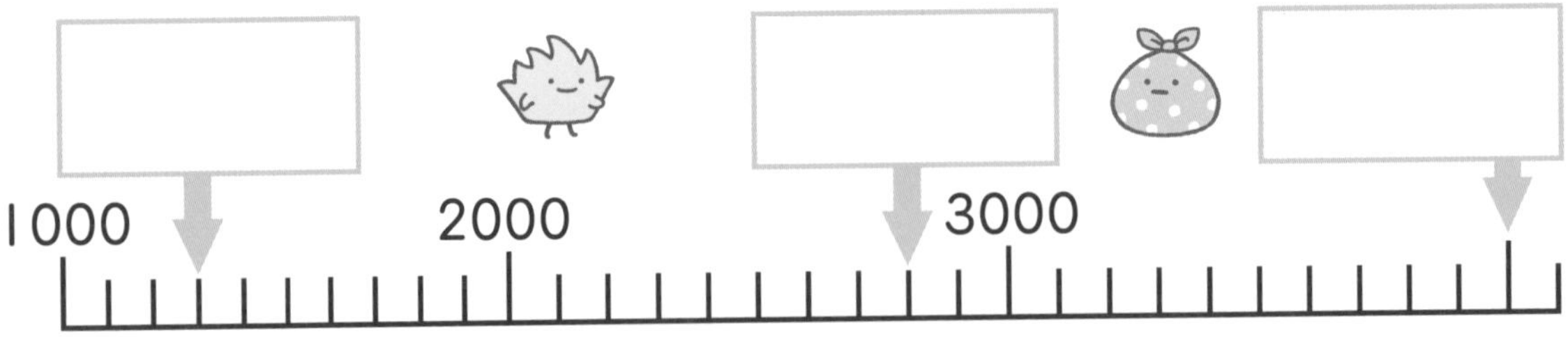

6 2つの 数《かず》の 大小を 考《かんが》えて、□に ＞か ＜を 書《か》きましょう。

1つ5点《てん》(15点《てん》)

① 250 □ 350 ② 6870 □ 6340 ③ 8495 □ 8789

算数《さんすう》 1

数《かず》
大きな 数《かず》

月　日

点《てん》

1 おり紙《がみ》の 数《かず》を 数《かぞ》えて □に まい数《すう》を 書《か》きましょう。

1つ5点《てん》(10点《てん》)

①

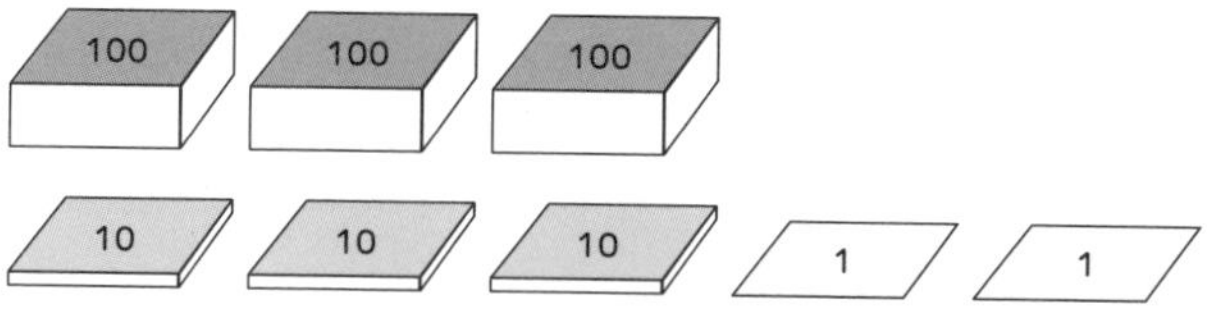

□ まい

②

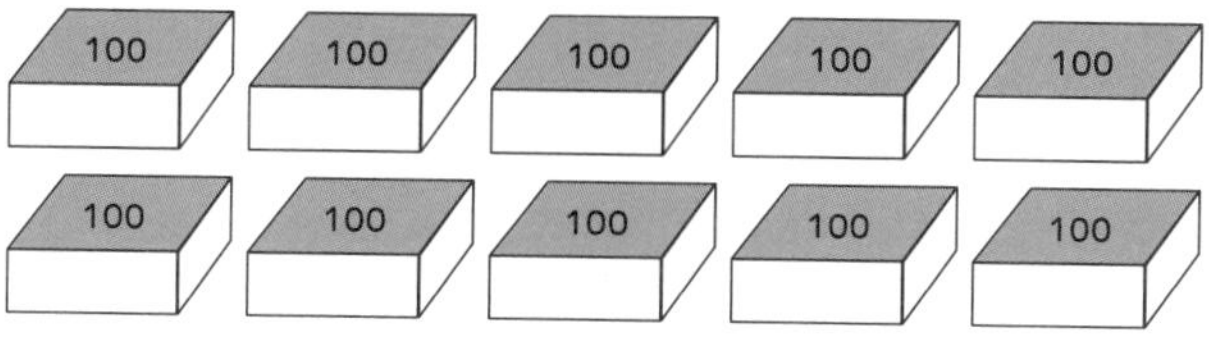

□ まい

2 □に 当《あ》てはまる 数字《すうじ》を 書《か》きましょう。

1つ5点《てん》(20点《てん》)

① 355は 100を □ こ、10を □ こ、

1を □ こ、合《あ》わせた 数《かず》です。

② 7850は 1000を □ こ、100を □ こ、

10を □ こ、合《あ》わせた 数《かず》です。

③ 100を 7こ、10を 4こ、1を 8こ、

合《あ》わせた 数《かず》は □ です。

④ 1000を 5こ、100を 1こ、1を 4こ、

合《あ》わせた 数《かず》は □ です。

すみっコぐらし小学２年の

国語 算数 総復習ドリル

算数《さんすう》 もくじ

すみっコぐらし小学2年の国語 算数 総復習ドリル

監　修　卯月啓子
編集人　青木英衣子
発行人　倉次辰男
発行所　株式会社 主婦と生活社
〒104-8357 東京都中央区京橋3－5－7
https://www.shufu.co.jp/
編集部　☎03-3563-5211
販売部　☎03-3563-5121
生産部　☎03-3563-5125
印刷・製本　大日本印刷株式会社
製版所　株式会社 二葉企画

ISBN978-4-391-15483-2

装丁●bright right
本文説明イラスト●大塚さやか
編集協力●株式会社 日本レキシコ
本文デザイン●ニシ工芸株式会社（小林友利香・西山克之）
監修●サンエックス株式会社（濱田美奈恵・坂本悠
ジットパイサーンワッタナー・スパゴーン）

株式会社主婦と生活社
編集●藤井亜希子・佐々郁子